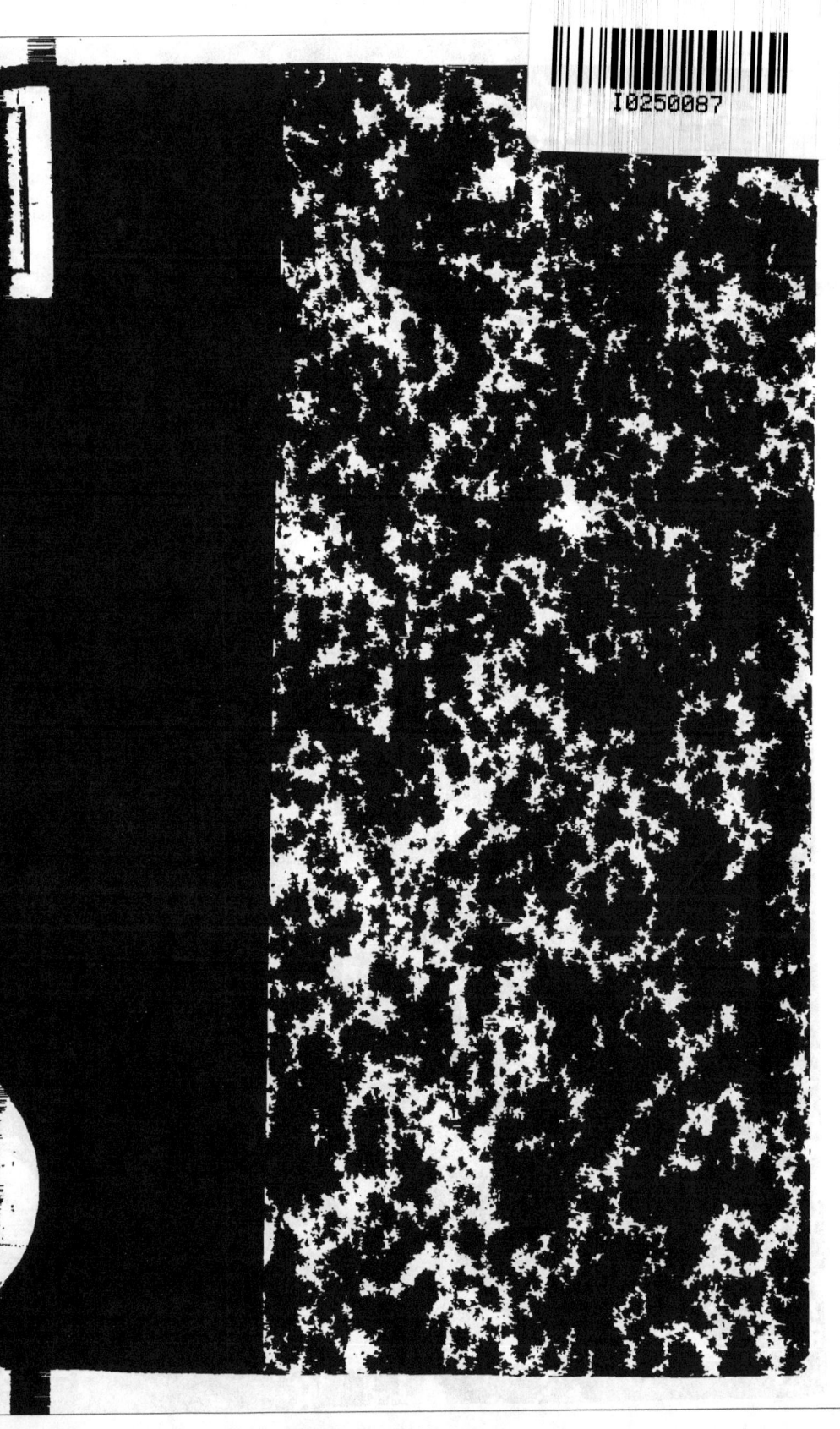

PAUL MANSUY

BIBLIOTHÈQUE
UNIVERSELLE
DES DAMES.

Neuvième Classe :

PHYSIQUE DE L'HOMME.

Il paroit tous les mois deux Volumes de cette Bibliothèque. On les délivre soit brochés, soit reliés en veau fauve ou écaillé & dorés sur tranche, ainsi qu'avec ou sans le nom de chaque Souscripteur imprimé au frontispice de chaque volume.

La souscription pour les 24 vol. reliés est de 72 liv., & de 54 liv. pour les volumes brochés.

Les Souscripteurs de Province, auxquels on ne peut les envoyer par la poste que brochés, payeront de plus 7 liv. 4 s. à cause des frais de poste.

Il faut s'adresser à M. CUCHET, Libraire, rue & hôtel Serpente, à Paris.

BIBLIOTHÊQUE
UNIVERSELLE
DES DAMES.

PHYSIQUE DE L'HOMME.

TOME PREMIER.

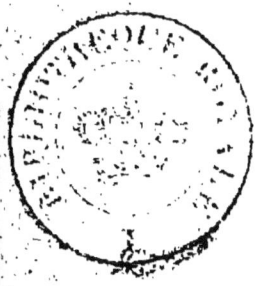

A PARIS,

RUE ET HÔTEL SERPENTE.

Avec Approbation & Privilége du Roi.

1787.

BIBLIOTHEQUE UNIVERSELLE DES DAMES.

PHYSIQUE DE L'HOMME

CHAPITRE PREMIER.

Essai sur l'Homme Physique & Moral.

LA vie suppose, dans les êtres qui en sont doués, un assemblage d'instrumens liés entr'eux par des relations plus ou moins nécessaires, destinés à concourir par leur action combinée, au soutien, au développement, & à la reproduction de chaque individu. Dans l'ordre d'existence des choses actuelles & sensibles, tout

Tome I.   A

ce qui vit a des organes, les plantes mêmes, qui jouissent d'une espèce de vie, puisqu'elles peuvent se nourrir, se développer & se reproduire, ont une forme organique; on voit en elles différens genres de vaisseaux, des glandes pour en séparer les diverses liqueurs, des trachées pour respirer, &c. Mais les corps du règne minéral, absolument dépourvus de facultés vitales, n'offrent aucun vestige d'une véritable organisation. Les principes qui les constituent, peuvent bien, dans certaines circonstances, prendre un arrangement & affecter des formes qui en imposent par une sorte de régularité, tels sont, dans les mines, les filons des métaux qu'on pourroit comparer aux branches d'un arbre. C'est ainsi que la cristallisation, qui peut-être est un degré par lequel la nature passe pour s'élever à l'organisation, mais qui n'est point encore l'organisation, donne aux différens sels neutres des figures constantes & déterminées. Cependant toutes ces productions ne renfermant point en elles un principe d'activité qui veille à leur conservation, ne pouvant point recevoir d'autre accroissement que celui qui est opéré par une superposition de nouvelles parties, n'ayant point sur-tout, comme les végétaux & les animaux, les moyens de se reproduire & de se multiplier, elles doivent être rejetées dans la classe des corps bruts, dénués de toute puissance & de toute énergie.

La nature a extrêmement varié l'appareil d'organes sur lequel l'exercice de la vie est fondé. Selon notre manière de concevoir, il est plus compliqué dans certaines espèces, que dans d'autres; il est si simple dans quelques-unes, que toutes les parties qui les composent sont exactement similaires, comme celles des végétaux, de manière que, pouvant se reproduire par leur division, elles rendent incertaines les limites qui séparent le règne animal du règne végétal. Tels sont les polypes, dont chaque partie peut devenir un polype, comme chaque partie d'un arbre peut devenir un arbre; enfin, la nature, en répandant la vie, n'a point été bornée par les formes, puisque toutes paroissent capables de la recevoir.

Mais elle n'a point attaché le même degré de puissance à tous ces différens degrés d'organisation. Les effets ont dû varier comme les moyens. Les uns & les autres constituent ensemble tout le système animal dans lequel l'homme occupe à juste titre la première place.

A ne considérer dans l'homme que sa partie matérielle, sa structure sensible, la vigueur & les proportions exactes de ses organes, le nombre & l'activité de ses sens, on reconnoît déjà en lui un être bien constitué; ses facultés n'ont point été limitées par les lieux, elles bravent l'influence des climats, puisqu'il peut vivre & se multiplier dans toutes les régions de la terre. Son tempérament à la fois robuste & flexible, qui s'accommode de toute espèce d'alimens, le met dans le cas de trouver par-tout sa subsistance. Par sa force naturelle, dont une conformation avantageuse multiplie les effets, il est en état de se mesurer avec les animaux les plus redoutables ; quand il ne feroit de ses membres que cet usage borné que l'instinct suggère à tous les êtres vivans, soit pour l'attaque, soit pour la défense, celui que le Singe & l'Eléphant font avec moins d'avantage, l'un de ses mains & l'autre de sa trompe, il lui feroit aisé de repousser leurs insultes; les pierres & les branches des arbres pourroient devenir dans sa main des armes aussi terribles que les griffes du lion. Ajoutez à cela, que la nature ayant constitué l'homme pour vivre en société, tandis qu'elle n'a départi ce caractère social qu'à quelques espèces d'animaux foibles, il peut marcher en troupe, & opposer les forces réunies de plusieurs individus à celles de quelque animal que ce soit; de sorte que l'espèce humaine, bien loin d'être destinée à devenir la proie des autres espèces, semble faite, au contraire, pour les subjuguer toutes.

Cependant cette organisation supérieure de l'homme, laisseroit peu d'intervalle entre lui & les autres espèces vivantes, sans ce principe actif qui dirige & fait valoir ses facultés physiques. C'est dans la nature de ce principe que résident sa principale puissance & les véritables titres de sa grandeur; & il est vraisemblable qu'en le mettant dans la classe des animaux, on a moins prétendu l'avilir que désigner en lui un être animé. Envisagé sous ce point de vue, il est, sans contredit, l'animal par excellence, son ame se manifeste de toutes parts, elle s'échappe à travers les organes qu'elle vivifie, & semble se communiquer à tout ce qui environne l'homme. La matière brute se dérouille, pour ainsi dire, de son inertie, pour obéir aux puissances de son entendement ; il donne de nouvelles directions à la matière organisée, il façonne les végétaux, & fait les plier à ses goûts ou à ses fantaisies. Tous les animaux, jouets ou victimes de ses volontés, s'améliorent ou se dégradent sous son empire; égal aux uns par la vigueur de son corps, aux autres par la finesse de ses sens, il commande à tous par son intelligence ; il semble même disposer du globe qu'il habite comme d'une conquête, il le mesure, il en parcourt les différentes régions, il l'embellit en y semant les arts. Cependant, comme si cette vaste domination ne pouvoit point contenir son activité, il s'élance encore dans l'immensité de l'espace, pour tâcher de connoître ces liens puissans qui tiennent toutes les parties de l'univers matériel dans une dépendance réciproque : il fait plus, il descend dans son cœur pour se connoître lui-même, pour y recueillir ces traits gravés par une main éternelle, & destinés à servir de base à l'ordre moral.

Cependant toute cette énergie, tant de facultés brillantes, peuvent à peine le conduire au bonheur que tous les autres êtres vivans trouvent si aisément sur les traces d'un instinct limité. Car, par une fatalité singulière, les dons les plus précieux s'altèrent dans ses mains. Cette vigueur, destinée à lui faire sentir toute la plénitude de son existence, il la perd dans la mollesse, ou la consume dans une vaine agitation; ses sens, dénaturés par l'abus des plaisirs, laissent à cet égard, aux autres animaux, une supériorité qu'il auroit pû leur disputer. Tous les élémens le blessent pour s'être trop armé contre eux & n'avoir pas sçu se familiariser avec leurs atteintes; ils reproduisent sans cesse en lui les maladies les plus funestes, au lieu d'affoiblir ou de dissiper celles qui sont la suite trop ordinaire de ses appétits désordonnés; mais rien n'égale les maux qui lui viennent de ses passions; tourmenté par elles, il tourmente tous les êtres qui l'entourent; dans le délire convulsif où elles le jettent, il tourne contre lui-même les forces dont il a été doué, il renverse, il détruit tout ce qui est bien, & perdant jusqu'aux idées de l'ordre, il viole ses propres loix & celles de la nature.

Ces contradictions dans la constitution humaine ne dépendent point, comme plusieurs philosophes l'ont cru, de plusieurs principes d'action opposés entr'eux, par leurs déterminations. L'homme est un, le principe de ses affections corporelles ne diffère point de celui qui détermine ses affections morales. Les passions de l'ame & les maladies du corps ne sont qu'une réaction de ce même principe contre les causes extérieures qui s'opposent au bien-être de notre individu, ou contre celles qui attaquent directement notre organisation.

Parmi ces affections de l'homme, qui ont toutes leur source dans les loix essentielles de la sensibilité, si la plupart tendent à le concentrer dans lui-même, il y en a qui, par une impulsion contraire, le portent à se répandre hors de lui, & semblent destinés à tempérer l'activité des premières. Tel est ce mouvement expansif qui le rapproche de ses semblables, qui l'intéresse à leur foiblesse ou leurs souffrances; il résulte de ce sentiment précieux, que si l'homme ne peut jamais cesser de s'aimer lui-même, il s'aime du moins quelquefois dans les autres. La pitié est en lui ce contre-poids de *l'amour de soi*, qui est le premier mobile de tous les êtres sensibles. Les philosophes, qui rapportent à ce dernier principe toutes les actions humaines, n'ont peut-être examiné l'homme que dans les grandes sociétés, où son instinct primitif se trouve toujours plus ou moins altéré, où un égoïsme sec & froid, mal déguisé par les formes de l'éducation & les conventions de la politesse, le montrent moins tel que la nature l'a fait, que tel qu'il s'est fait lui-même. Son premier mouvement, sa disposition la plus constante sont, sans contredit, de se donner la préférence sur ses semblables; mais la nature qui vouloit faire de lui un être sociable, peut-être pour mieux assurer son existence & la durée de son espèce, lorsqu'elle lui donna le désir de sa conservation, prit soin d'adoucir ce ressort trop exclusif, en l'associant à des penchans affectueux, qui tendent au même but, sans avoir l'âpreté dangereuse de ce premier sentiment.

A la sociabilité tient de bien près une autre faculté plus remarquable & plus caractéristique; c'est celle de se perfectionner. Quoique la perfectibilité de l'homme ne soit pas une suite nécessaire de son caractère social, c'est par lui néanmoins qu'elle se développe & qu'elle devient effective. Les individus ne feroient que de vains efforts pour rompre les entraves de leur stupidité naturelle, & s'élever jusqu'à la pensée ; outre que leurs acquisitions périssant avec eux, l'espèce resteroit toujours dans l'enfance, il est des connoissances qui ne peuvent être que le fruit du concours de plusieurs hommes; & les progrès que chacun pourroit faire en particulier seroient toujours bornés; c'est la société qui les étend & les multiplie. Cette disposition singulière qu'ont les facultés de l'homme, une fois mises en mouvement, de s'aiguiser & de s'étendre sans cesse, est ce qui a véritablement aggrandi son être; par-là il s'est séparé de toutes les autres espèces, qui toujours placées à la même distance que la nature mit entr'elles, restent irrévocablement renfermées dans le cercle étroit de leur instinct respectif.

A quelque degré d'élévation que l'homme soit parvenu par l'impulsion de ses facultés morales, il tient cependant encore, par un grand nombre de rapport, aux autres êtres, même à ceux dont l'organifation eft la plus imparfaite; toutes les parties de fon corps ne font point animées par le même degré d'énergie; il femble même que la nature ait mis entr'elles la même gradation & les mêmes nuances qu'elle a établies entre les diverfes efpèces : les différens genres d'activité qu'elle a répartis dans les trois règnes, fe trouvent réunis dans la conftitution individuelle de l'homme: parmi les parties qui entrent dans la compofition du corps humain, les unes font douées de la plus éminente fenfibilité, les autres font bornées à un degré de vie plus foible, qui le devient encore davantage dans certains organes, pour fe perdre & s'éteindre tout-à-fait dans d'autres. Les ongles & les cheveux, par exemple, ne font qu'une espèce de végétation ; ils se nourrissent & croissent, sans que la sensibilité parvienne jusqu'à eux ; les derniers même, examinés au microscope, présentent une organisation assez semblable à celle des végétaux ; l'épiderme est encore plus dépourvu de facultés vitales, à peine paroît-il organisé ; on le prendroit aisément pour une simple cristallisation d'une humeur qui transsude de la surface du corps, semblable à celle qui forme l'enveloppe des limaçons. Si on examine la manière dont il se reproduit, lorsqu'il a été enlevé de quelque partie, on verra que les premiers traits que forme cette humeur, en prenant de la consistance, ressemblent aux premiers linéamens qu'offre une liqueur qui commence à cristalliser.

L'organisation, dans les os, a un caractère plus apparent & plus décidé, ils reçoivent des vaisseaux & des nerfs ; cependant ils ne semblent être qu'une production mixte, un résultat combiné de plusieurs genres de forces ; la nutrition & l'accroissement s'y font, jusqu'à un certain point, de la même manière dont ils s'opèrent dans les végétaux, sans le concours du moins manifeste de la sensibilité. Il est vrai qu'on a vu ces parties devenir quelquefois sensibles, en se ramollissant : cette nouvelle modification des os permet sans doute alors au principe de la vie d'y exercer librement une action auparavant étouffée & perdue dans leur confiftance trop dure. Mais, fi dans leur examen, on n'a égard qu'à l'apparence extérieure, & à la matière dont ils font formés, on ne verra qu'un corps qui appartient plutôt au règne minéral qu'au règne animal, qu'une terre calcaire, liée par une fubftance gélatineufe, femblable à celle que fournit la dépouille des teftacées, & même fufceptible de poli comme les marbres.

C'eft de ce fond matériel, où l'ame exerce inégalement fon activité, felon l'ufage & la deftination des diverfes parties, qu'elle s'élève aux fonctions les plus importantes de la vie, & jufqu'aux opérations les plus fublimes de l'intelligence.

Il falloit aux animaux deſtinés à de grands mouvemens, non-ſeulement des parties molles & flexibles, mais encore des parties ſolides propres à ſervir de léviers & de points d'appui aux puiſſances motrices qui exécutent les opérations animales, ou de rempart aux organes délicats & faciles à bleſſer; les os rempliſſent ce double objet. Les animaux les plus remarquables par leur force, ſont auſſi ceux qui, ſelon les naturaliſtes, ont les os les plus durs. Les inſectes qui ſe traînent avec lenteur ſur la ſurface de la terre, ou qui rampent dans ſon intérieur, & ſont par conſéquent à l'abri des chocs violens, n'ont point d'os; ſi on excepte ces corps durs, tels que les pioches, les pinces, dont leur bouche eſt armée pour prendre & broyer les alimens; les insectes plus agiles, qui volent ou sautent, sont cuirassés d'une matière écailleuse ; d'autres, comme les coquillages, ne pourroient guères subsister sans le toit solide qui les défend contre la rencontre des corps extérieurs.

L'ossification semble, dans son développement, suivre le progrès des forces de l'animal ; ainsi les dents ne lui viennent que lorsqu'il commence d'être en état d'en faire usage ; les os ne sont d'abord dans l'embryon, qu'une substance gélatineuse & cellulaire, qui admet successivement les parties terreuses dont ils tirent leur consistance solide ; de manière qu'ils n'ont acquis toute leur fermeté, que lorsque toutes les forces de l'animal, mises en action, lui rendent cette qualité des os plus nécessaire. Il n'est pas douteux que l'action répétée de ces forces ne contribue beaucoup elle-même à augmenter leur solidité. Il y a lieu de croire que les os des hommes qui vivent dans le repos & la mollesse, sont moins durs que ceux des hommes adonnés à un travail continuel, & dont le corps sur-tout est exposé aux impressions libres de l'air. On sait la distinction que fit Hérodote entre les crânes des Egyptiens & ceux des Perses, tués près de Peluse, dans l'expédition de Cambyse. On doit observer ici que la dureté des os n'est point, comme quelques-uns le prétendent, la cause qui accélère la vieillesse, puisque la différence qu'on remarque, à cet égard, dans la constitution des différens peuples, n'en produit point une dans la durée respective de leur vie.

Le tissu cellulaire forme le périoste, c'est-à-dire la membrane qui recouvre les os; diverses productions de ce tissu s'insinuent dans leur substance, & sont, avec le concours des nerfs, le principal instrument ainsi que la matière primitive qui sert à leur nutrition & à leur accroissement. C'est à cette substance cellulaire qu'ils doivent la faculté de s'étendre; la matière terreuse qui vient ensuite incruster en quelque sorte ses cellules, ne sert qu'à leur donner la solidité, & cette espèce d'incrustation commence par le centre des os. Sans admettre

admettre la similitude exacte que M. Duhamel établit entre le périoste des animaux & l'aubier des arbres : on ne peut nier qu'il n'y ait entre eux quelque analogie, puisqu'il y en a une très-grande en général entre le développement des végétaux & celui des animaux.

Le tissu cellulaire destiné à recevoir dans ses interstices les parties qui doivent constituer les os, est déjà sans doute modifié dans l'embryon d'une manière relative à la forme qu'ils doivent avoir. Cette forme est déterminée comme celle de tous les autres organes ; elle est constante, immuable, & les os ne changent que de volume & de densité ; en prenant de l'accroissement, ils conservent tous les autres rapports, si quelque maladie ne les altère point. Si quelque accident les détruit, ils ne se régénèrent plus ; mais la nature y supplée en versant à leur place la matière cellulo-gélatineuse & la substance crétacée qui servoient à leur nutrition, l'une & l'autre fournies ou préparées peut-être par le périoste, c'est-à-dire, par le tissu cellulaire qui enveloppe & pénètre les os. Ces matières y acquièrent la consistance de l'os qui a été détruit, sans jamais reprendre sa forme régulière & originelle. Lorsqu'il n'a été que cassé, ces mêmes matières servent à le résoudre ; c'est d'une manière assez analogue que se réparent les autres organes, lorfque leur forme primitive a éte altérée par une déperdition de fubftance, car ils ne peuvent pas plus fe régénérer que les os.

C'eft de la forme & de la difpofition primitive des os, que dépendent les principales différences qui diftinguent les différens animaux; c'eft fur la charpente offeufe que la nature a mis l'empreinte caractériftique qui détermine les traits généraux, la conformation ainfi que l'allure de l'homme & des autres efpèces vivantes. L'arrangement & la difpofition des autres parties ne font vraifemblablement qu'une fuite naturelle & néceffaire de la ftructure & de la pofition des os. Ils rendent fenfibles les différens modèles fur lefquels les diverses espèces ont été dessinées. Les différens os qui forment la charpente de chaque animal, sont tellement faits l'un pour l'autre, ils sont si manifestement destinés à concourir au même but, que si la forme d'un d'entre eux étoit changée, les rapports de tous les autres organes se trouveroient plus ou moins altérés. On voit un exemple de cette vérité dans les bossus, en qui la seule distortion de l'épine du dos entraîne un déplacement presque général de toutes les autres parties. Cette cause a un effet si constant & si marqué, qu'il en résulte un air de ressemblance entre tous les individus qui ont ce défaut de conformation.

L'harmonie que doivent avoir les

parties d'un animal bien conformé, seroit bien plus sensiblement violée, si ce rapport d'organes qui constitue la forme propre à chaque espèce, étoit tel que la tête d'un être fait pour se tenir dans une situation verticale comme l'homme, fût jointe au corps d'un animal destiné à marcher à quatre pieds à la manière des quadrupèdes. Dans l'être qui résulteroit de cet assemblage bizarre, les vues de la nature se trouvant confondues, & les mouvemens en contradiction avec les moyens, il périroit avant d'avoir rempli sa destination, tel que ces productions imparfaites qu'on appelle *monstres*, qui par leur conformation irrégulière, s'écartant trop du modèle commun à leur espèce, conservent rarement long-temps l'impulsion vitale qu'elles ont reçue. Une des parties par lesquelles l'Ourang-Outang se rapproche le plus de l'homme, c'est la tête, la conformité est frappante. Cependant, comme cet animal, qui a la faculté de se tenir debout, est nécessité encore plus souvent à marcher sur ses quatre pieds ou mains, il s'en faut bien que l'articulation de sa tête avec son col soit exactement semblable à celle de l'homme, qui, étant horizontale, seroit très-peu favorable à l'allure d'un quadrupède : tant la nature a mis d'accord & d'ensemble dans la conformation de chaque être vivant !

Aucune partie n'est plus propre à

manifester ce parfait accord, & cette exacte convenance de moyens que la tête de l'homme, par la multiplicité des rapports qu'elle présente; c'est la partie la plus apparente du corps, elle en occupe la place la plus élevée, situation très-conforme au rôle brillant qu'elle y joue, car elle commande à toutes les autres parties qui semblent n'exister que par elle, & n'avoir de mouvement que celui qu'elle leur dispense. Elle influe sur tout ce qui s'opère d'important dans la machine; outre la respiration & la digestion auxquelles elle a beaucoup de part, ne fût-ce qu'en donnant entrée aux matières respectives sur lesquelles ces fonctions s'exercent, elle renferme le grand, l'inconcevable instrument de la pensée (*), ainsi que celui qui lui donne de la réalité & la rend sensible par la parole. Tous les organes des sens s'y trouvent réunis, & c'est par elle que passent toutes les impressions qui vont à l'ame. C'est ce qui rend sans doute cette partie plus propre que toute autre à retracer au dehors par des signes énergiques tous les mouvemens que ces impressions y excitent. Ce commerce immédiat & continuel qu'elle entretient avec le

(*) On se doute bien que le cerveau n'est ici considéré comme l'instrument de la pensée, que relativement aux loix de l'union actuelle de l'ame avec le corps, établies par la volonté du Créateur.

principe qui nos anime, lui donne nécessairement un caractère de vie qui manque à toutes les autres parties. Nous sommes même tellement accoutumés à la regarder, comme l'interprète le plus fidèle de l'ame, qu'elle constitue à nos yeux toute la personne ; c'est elle qui est le seul objet de notre attention, à qui nous nous adressons, que nous fixons. En effet, non-seulement les pathétiques expressions de la douleur, & les transports du plaisir s'y peignent fortement, mais encore les inquiétudes sourdes du mal-être, ou les douces émotions & le calme même de l'ame, s'y reproduisent avec tant de vérité dans les traits de la physionomie, que la voix ne suppléeroit que foiblement à leur muette éloquence.

Ce qui frappe le plus l'anatomiste, dans l'examen de cette boîte osseuse, & à peu près doublement ovale, qui renferme le dépôt précieux du cerveau, c'est la multiplicité des pièces qui la composent. Elles sont au nombre de huit, qui pourroient très-bien n'en former qu'une seule, sans que l'économie animale parût en souffrir. Il en est de même de la face : treize pièces forment la mâchoire supérieure, sans compter les seize dents dont elle est garnie, ainsi que la mâchoire inférieure. Ces différentes pièces, par la manière dont elles sont jointes, ainsi que par leur destination, étant & devant être immobiles, il semble, au premier aspect, qu'il n'y auroit point d'inconvénient qu'elles fussent réunies de manière à ne former qu'un seul & même os. Quant à la mâchoire inférieure, il est évident qu'elle doit être détachée des autres pièces osseuses, puisqu'elle est la seule qui soit mobile. Au surplus, il ne faut pas prendre à la rigueur la division établie par les Anatomistes, qui ne comprennent point parmi les os de la face, celui du front, le rapportant à ceux du crâne, quoique cet os soit une partie essentielle de la face, & contribue plus qu'aucun autre à lui donner un air auguste & noble.

Un principe actif dirige sans doute l'ossification ou du moins modifie beaucoup les causes physiques qui peuvent y

influer. Ce principe, à la vérité, n'a pas choisi, dans les diverses espèces d'animaux, le genre d'organisation qui les distingue ; mais c'est une observation constante que, dans toutes il sait tirer le meilleur parti possible de la position où il se trouve. C'est ainsi que les abeilles ont choisi, pour leurs alvéoles, la figure hexagone, qui est une des plus propres à remplir exactement un espace donné. Dans toutes les espèces vivantes, le principe vital a établi tous les moyens de conservation, & s'est ménagé toutes les ressources que leur organisation respective comportoit. Il n'a peut-être multiplié les os de la tête, que pour qu'elle échapât plus aisément aux coups qui la menacent, en eux cédant. S
le

les dents de chaque mâchoire n'eussent formé qu'une seule pièce, qui auroit pu résister aux tourmens de la dentition, qui en se faisant successivement, ne laisse pas que d'en causer encore beaucoup? quels progrès n'auroit pas fait la carie, lorsqu'elle auroit une fois attaqué leur substance?

L'édifice des os de la face commence déjà à faire entrevoir ce plan général, d'après lequel toutes les parties doubles du corps sont disposées d'une manière symmétrique le long de son axe; la mâchoire supérieure, au lieu de ne former qu'une seule pièce, est divisée en deux, qui laissent entr'elles l'ouverture du nez. L'os appelé *vomer*, qui partage cette ouverture en deux, forme la cloifon des narines, & devient l'axe de la face. De chaque côté de cet axe viennent fe joindre dans un ordre correfpondant aux os maxillaires, les autres parties accefſoires qui tiennent à la mâchoire fupérieure.

Une des principales différences qui diftinguent l'homme matériel des autres animaux, réfide dans la conformation des mâchoires, qui dans les uns s'alongent en mufeau, dans les autres en bec, &c. La forme de ces parties n'eft pas auffi indifférente pour la phyfionomie qu'on pourroit le croire. M. d'Aubenton remarque avec raifon, que le mufeau alongé du chien danois, lui donne un air de douceur, & que le museau large & aplati des dogues, retrace un caractère de férocité. Toutes les races Tartares sont remarquables par la conformation de la mâchoire supérieure qui est en elles plus forte & plus élevée; & les Calmouks, en qui ce trait est plus marqué, sont aussi de tous les peuples celui dont l'aspect est le plus difforme & le plus farouche. On paroît fondé à croire que cette disposition & cette structure des parties de la tête, dépendent du climat. M. Clingtedt dit que les Lapons & les Samojèdes ont le col court, la tête grosse, le nez écrasé, le pied petit. Selon M. Gmelin, les Jakutes, qui sont à peu près sous la même latitude, ressemblent aux Calmouks. Le froid qui, dans ces peuples, raccourcit les extrémités inférieures, pourroit bien, en faisant refluer habituellement les humeurs vers la tête, opérer dans cette partie un excès de développement qui en renforce l'ossification.

Quelque avantageuses que soient les proportions des pièces qui composent la tête, il résulte de la nature de leurs articulations & de la multiplicité de leurs usages, un très-grand nombre d'inégalités, d'enfoncemens, de trous, de saillies & de pointes, qui donnent un air hideux à la charpente de cette partie de l'homme ; mais la nature a sçu jeter, sur cet échaffaudage raboyeux, un rideau sous lequel tout s'embellit, qui se modifiant de la manière la plus délicate & la plus variée, pour former les différens organes de la tête, fait oublier combien leurs fonctions sont nécessaires, à force d'en rendre les formes agréables : car telle est la magie accoutumée de la nature, de faire servir à la beauté de ses productions, même les instrumens utiles qu'elle y emploie, & chez elle, le beau est inséparable du bon. Les organes les plus essentiels de la face sont aussi ceux qui contribuent le plus à la physionomie, & qui concourent le plus efficacement à faire de cette partie le tableau le plus intéressant & le plus animé. Ce double caractère d'utilité & d'agrément se montre d'une manière bien sensible dans la fraîcheur de la bouche, & dans le constraste délicieux de l'émail des dents avec l'incarnat des lèvres. Si le nez, qui nous fait appercevoir les odeurs, met de la symmétrie entre les parties du visage, & fait sentir la beauté de leurs formes, & la justesse de leurs proportions, ce sont les yeux qui les vivifient toutes, en leur communiquant le feu dont ils brillent. Cet organe n'est pas fait seulement pour étendre l'existence physique de l'homme, & pour établir des rapports entre lui & les corps éloignés ; il semble encore destiné à être le lien des ames ; c'est par lui qu'elles se touchent, pour ainsi dire, il les met à portée de voir si elles se conviennent en les éclairant par la flamme du sentiment, qui s'y peint d'une manière si vive & si énergique ; enfin, c'est de cet organe qu'émanent cet attrait inexprimable & cette douce puissance qui les subjuguent & les livrent l'une à l'autre.

La tête porte sur une colonne osseuse, composée de plusieurs pièces qui la rendent mobile & propre à obéir aux différentes inflexions du corps. C'est à cette partie que se rapportent toutes les parties doubles du tronc ; elle est l'axe de la machine animale ; les pièces qui la composent, & qu'on appelle vertèbres, sont percées de manière, que de leur réunion il résulte un tuyau destiné à recevoir la moëlle épinière, qui est une continuation de la moëlle alongée & du cerveau. Les vertèbres sont, dans l'homme, au nombre de vingt-quatre, les sept premières forment le cou, les douze suivantes, le dos, & les cinq dernières les lombes. Leur volume va en décroissant, depuis la partie inférieure du tronc jusqu'à la tête, de sorte que leur ensemble produit une colonne pyramidale, dont la base devient plus grande, à mesure que le poids qu'elle doit soutenir augmente: elles ne sont pas disposées sur une ligne droite, elles forment diverses courbures, qui, en augmentant l'étendue du plan par lequel passe la ligne du centre de gravité du corps, mettent celui-ci en état de mieux conferver fon équilibre, foit dans la ftation, foit dans le mouvement progreffif. Leur forme varie auffi, on apperçoit dans quelques-unes, telles que la première & la feconde vertèbre du cou, des différences qui font relatives à leurs ufages particuliers. Enfin, un cartilage fouple, interpofé entre les corps des vertèbres, les unit fortement, fans ôter à leur affemblage la flexibilité néceffaire à fes mouvemens, tandis que d'autres liens, foit communs, foit particuliers, affermiffent encore leur union, & concourent à rendre leur déplacement très-difficile.

Les cartilages font une matière

moyenne entre la dureté des os & la mollesse des chairs. La nature en a formé les organes auxquels il falloit de la fermeté sans roideur, tels que la trachée-artère, l'oreille externe, la partie inférieure du nez. Elle en a revétu les extrémités des os mobiles, pour adoucir la rudesse de leurs frottemens; enfin elle en a fait un moyen d'union pour les os, qui ne devoient avoir que peu ou point de mouvement ; mais alors elle n'a pas compté sur les seuls cartilages, pour les maintenir dans leur place, elle y a ajouté des ligamens. Ce sont des faisceaux de fibres élastiques, fermes, d'une couleur blanche, tantôt aplatis comme des bandes, tantôt arrondis comme des cordes. La nature s'en fert toujours pour affermir les articulations des parties folides, & quelquefois pour contenir les parties molles; & elle a employé les plus forts pour affujettir les différentes parties de la colonne vertébrale.

La foupleffe & la fermeté devoient être les attributs d'une partie faite pour foutenir les efforts de la plupart des autres, & deftinée elle-même aux mouvemens les plus forts & les plus variés. L'exemple des fauteurs peut feul faire concevoir jufqu'où peuvent aller la force & la flexibilité de la colonne vertébrale. C'eft en effet par l'exercice du corps que les cartilages, les ligamens & les mufcles peuvent acquérir toute la vigueur

& le ressort dont ils sont susceptibles. Les anciens devoient, sans doute, à la gymnastique, non-seulement ces qualités précieuses, mais encore ces belles proportions qu'on n'admire guere plus que dans leurs statues. Car nos organes se développent par les mêmes moyens qui servent à les fortifier. Les mouvemens doux & lians de l'épine du dos donnent à la démarche & à toutes les attitudes de l'homme l'aisance & la grâce, sans lesquelles son tronc immobile & roide ressembleroit à un mannequin porté sur des échasses.

Le canal de la moëlle épinière est une des parties par lesquelles l'homme s'écarte le moins de la conformation des autres animaux. Si on met à part le nombre & la consistance des vertèbres, cette partie lui est commune avec le plus grand nombre des espèces; on la retrouve non-seulement dans les quadrupèdes, mais encore dans les reptiles, les poissons & les oiseaux.

Aux douze vertèbres du dos s'attachent de chaque côté autant de côtes. Ce sont des arcs solides & mobiles, situés obliquement, & faisant par en bas un angle aigu avec la colonne vertébrale. Les sept premières viennent par-devant se joindre chacune à un cartilage qui tient au *sternum*. C'est cet os long & plat, situé au milieu de la partie antérieure de la poitrine. La longueur des sept premières côtes, qu'on nomme *vraies*, va toujours en augmentant depuis la première, ce qui donne à la poitrine la figure d'un cône tronqué. La destination de l'enceinte formée par le concours des côtes, du sternum & des vertèbres du dos, est de mettre à couvert les viscères contenus dans la poitrine, comme les os de la tête garantissent les organes qu'elle contient; mais le cerveau n'ayant point de mouvement d'expansion, il n'étoit pas nécessaire que les os qui le défendent fussent mobiles. Les côtes devoient l'être pour se prêter aux mouvemens alternatifs de la respiration.

Cette fonction étant une de celles qui ne peuvent être interrompues, parce que la durée de notre existence y est attachée, la nature semble avoir tout fait pour en rendre l'exercice facile & doux. Les cartilages des côtes en général, en adoucissent les mouvemens; mais ceux des cinq fausses côtes ayant plus de souplesse & moins de dureté que les cartilages des vraies, ils produisent encore bien mieux cet effet. Ceux des trois premières de ces fausses côtes ne parviennent pas même jusqu'au *sternum*, ils sont seulement attachés l'un à l'autre, & les cartilages des deux dernières, entièrement libres & flottans, peuvent céder à la moindre impulsion. Par ce moyen la nature est venue à bout de ménager les forces nécessaires à une fonction qui devoit s'exercer continuellement,

& de nous faire exister sans effort. Les oscillations légères de la poitrine appellent, pour ainsi dire, à notre insçu, le souffle qui vient, à chaque moment, ranimer la flamme de la vie, prête à s'éteindre sans cet aliment salutaire. Si cet état ne comporte pas ces plaisirs pénétrans & momentanés qui accompagnent quelques-unes de nos fonctions, une respiration libre & un air pur sont la source d'un bien-être permanent, que l'ame goûte sans trouble & sans fatigue, & qui a plus d'influence qu'on ne pense sur le bonheur.

Les cinq dernières vertèbres de l'épine du dos répondent à la partie postérieure du bas-ventre ; sur elles sont adossés quelques-uns des viscères contenus dans cette cavité, qui n'est point entourée de parties dures comme la tête & la poitrine. Aristote dit qu'aucun animal n'a le ventre ceint d'une substance osseuse. Cette organisation est en effet celle de tous les animaux avec lesquels l'homme a le plus de rapports. Il eût été dangereux qu'une partie si sujette à changer de volume & de dimensions, à éprouver des gonflemens considérables, soit par la graisse qui s'y accumule, soit par la raréfaction des alimens, eût été bornée par une matière incapable, telle que les os, de se prêter à ces vicissitudes.

Le canal des vertèbres se termine par un os d'une forme pyramidale, qui paroît en être une continuation. C'est l'os *sacré* qui concourt avec les os des hanches, à former le bassin; il est creux, comme le canal des vertèbres, mais la moëlle que celui-ci renferme, ne s'y prolonge point, il contient seulement un faisceau de nerfs, qui émanent de cette moëlle. Cet os est composé, dans les enfans, de cinq pièces distinctes, qui présentent tous les caractères des vertèbres mal exprimés. La dernière de ces pièces est la plus petite, elle se joint à trois autres petits os, placés l'un au bout de l'autre, qui forment ce qu'on appelle le *coccix*. Des pièces analogues, mais plus ou moins nombreuses, constituent la queue des animaux. Cette partie, qui feroit pour le moins inutile à l'homme, eſt pour eux une eſpèce de balancier, qui aſſure leur démarche & leurs diverſes attitudes. Selon quelques auteurs, cette partie n'eſt pas tout-à-fait étrangère à l'eſpèce humaine; les géographes anciens ont cru qu'il exiſtoit des hommes ſans tête, ce n'eſt pas trop pour les modernes, de ſuppoſer des hommes avec une queue. Marc Paul, Jean Struis, & autres, en ont vu; Gemelli Carreri en a vu un, dans l'Iſle de Mindoro, dont la queue avoit quatre à cinq pouces de long, & aſſurément on ne peut pas ſe réduire à moins. Quoiqu'il en ſoit, le fait eſt trop particulier pour qu'on ne soit pas en droit d'en douter, même quoiqu'il soit attesté par les Jésuites.

L'os sacré & les *os innominés* constituent le bassin, c'est-à-dire, cette partie inférieure du tronc qui porte & soutient la masse des viscères du bas-ventre, & où commencent les extrémités inférieures. Les os *innominés* sont, dans l'enfance, composés de trois pièces qui par la suite de l'âge, n'en font qu'une; des os des isles, ou des hanches, situés aux parties latérales du bassin, des *ischium* qui en forment la partie inférieure, & des os *pubis*, unis antérieurement par un cartilage; la forme & la disposition du bassin sont un des principaux caractères qui

distinguent la conformation de
l'homme. Il diffère essentiellement
par cette partie des quadrupèdes, &
même de l'ourang-outang, en qui les
os des isles sont étroits, longs &
plats, au lieu d'être larges & con-
caves comme dans l'homme. Cette
dernière disposition des os du bassin
est très-avantageuse pour un bipède,
dont la situation verticale eût fait
sans cesse retomber, sans cela, tout
le poids des viscères sur la partie
inférieure de l'enceinte que forment
les muscles & les tégumens du bas-
ventre ; ce qui nécessairement eût
détruit le ressort de ces organes,
accident que la largeur du bassin
ne prévient pas même toujours dans

les personnes dont l'embonpoint est extrême.

La longueur de l'os de la cuisse, qui s'articule avec le bassin, se rapporte évidemment aussi à la nature d'un être fait pour se tenir debout : car cet os est beaucoup plus court dans les quadrupèdes que dans l'homme ; c'est dans cet os sur-tout qu'il est aisé d'observer la forme cylindrique, que prend la moëlle dans la cavité des os longs ; au lieu que cette substance onctueuse, qui sert à donner de la souplesse aux os, & à les rendre moins cassans, est répandue indistinctement dans les cellules des os plats.

Le *femur* ou l'os de la cuisse s'unit au *tibia*, qui est la pièce principale de la jambe. La tête évasée de ce dernier, présente aux deux éminences qui terminent le *fémur*, deux cavités superficielles, où les mouvemens se bornent presque à ceux de flexion & d'extension, au lieu que son extrémité supérieure se meut en tout sens dans son articulation avec le bassin. Son articulation avec le tibia seroit trop raboteuse, & par le fréquent mouvement qui s'y exerce, elle ne pourroit manquer de blesser les tendons des muscles qui étendent la jambe, sans la rotule placée sur l'intervalle vuide que les éminences du fémur laissent entr'elles. Cet os, en arrondissant le genou, garantit tout ce qui passe dans son voisinage, & contribue, en même-temps, à

rendre la forme de cette partie pl[us]
agréable.

Quoique la jambe soit compos[ée]
de deux os, c'est sur le *tibia* q[ue]
porte tout le poids du corps; le *péro[né]*
qui l'accompagne est nul à cet égard[,]
mais il assure l'articulation de [la]
jambe avec le pied, qui seroit i[n]
complète sans lui; car l'*astragal*, [qui]
le premier os du tarse, n'éta[nt]
retenu que par l'éminence du *tibia*
qui constitue la malléole interne,
s'échapperoit par le côté opposé [si]
le *peroné*, dont l'extrémité for[me]
la malléole externe, ne lui oppos[oit]
une forte barrière.

Le pied est remarquable par le gra[nd]
nombre des pièces qui entrent dans [sa]
composition; le tarse, qui tient i[m]
médiateme[nt]

médiatement à la jambe, en préfente
fept; le métatarfe, dont les os
s'articulent antérieurement avec les
orteils, en a cinq, & chacun des
cinq orteils eft compofé de trois os,
excepté le pouce qui n'en a que
deux. La nature, en les multipliant
ainfi, femble avoir voulu les mettre
à l'abri des puiffances qui tendroient
à les rompre; ces puiffances ne
pouvant avoir de prife, & agir fur
eux que par un lévier très-court.
Tout le poids du corps feroit tombé fur
l'*aftragal* & fur le *calcaneum* ou l'os
du talon, fur lequel le premier eft
placé, fi le pied eût entièrement
porté à plat fur la terre. Les autres
os du tarfe, ceux du métatarfe, &
les orteils fe trouvant dans ce cas

D

hors de la ligne du centre de gravité du corps, ils n'en auroient point du tout partagé le poids, & le plan par lequel cette ligne paſſe, devenant par-là très-limité, l'homme n'eût conſervé qu'avec beaucoup de difficulté ſa ſituation verticale. Mais toutes ces pièces étant conformées & unies de manière que de leur aſſemblage il réſulte une eſpèce de voûte dont la convexité forme la partie ſupérieure du pied, toutes concourent plus ou moins à ſoutenir la maſſe du corps.

Dans la ſtructure du pied réſide une des principales différences que la nature a miſes entre l'homme & les quadrupèdes ; mais ce qui diſtingue le premier des autres, eſt moins le raccourciſſement des os du tarſe &

du métatarse, comme le prétend l'auteur des *Recherches sur les Américains*, que leur position, qui est horizontale dans l'homme, & verticale dans les quadrupèdes. D'ailleurs, comme je l'ai dit plus haut, c'est moins l'organisation du pied, ou de toute autre partie, qui constitue seule la nature d'un animal, que la disposition générale des autres parties, qui doivent toutes concourir à sa destination. Le singe, & l'ourang-outang, se rapprocheroient beaucoup de l'homme par la conformation du pied, si la forme & l'arrangement des autres parties ne les replaçoient dans la classe des quadrupèdes. Ils different cependant de l'homme même par le pied, qui dans ces animaux ressemble à une main grossièrement organisée, plus faite pour s'accrocher, que propre aux usages que l'homme fait tirer de la sienne. Le singe & l'ourang-outang sont des animaux frugivores qui grimpent sur les arbres, ils se tiennent souvent debout sur les pieds de derrière, pour saisir les fruits avec ceux de devant; ils vont d'ailleurs le plus souvent à quatre pattes. Schoutten, dans *son Voyage aux Indes Orientales*, dit, en parlant de l'ourang-outang, « qu'on en prend » beaucoup avec des lacs, qu'on » les apprivoise, qu'on leur apprend » à marcher sur les pieds de derrière, » & à se servir des pieds de devant; » ce qui prouve que cette manière d'être n'est ni la plus commode, ni la plus naturelle pour l'ourang-outang. En effet, selon plusieurs voyageurs, si un danger pressant l'oblige à fuir ou à sauter, en retombant sur ses quatre pieds, il décèle bientôt son véritable état, il est réduit à sa juste mesure, en quittant cette contenance étrangère, qui en imposoit, & on ne voit plus en lui qu'un animal, à qui son masque spécieux, ainsi qu'à bien des hommes, n'ajoute aucune vertu de plus.

Ainsi l'homme a la prérogative d'être le seul bipède droit qui soit dans la nature. C'est déjà beaucoup pour lui de n'avoir point à employer ses quatre membres pour porter la masse de son corps; deux piliers d'appui lui suffisent; & ce qu'il y a de remarquable, c'est que les usages qu'il en tire sont plus variés, plus étendus & plus sûrs que ceux que les quadrupèdes tirent de leurs quatre pieds. L'homme n'a point les siens recouverts d'une corne, ils jouissent d'une grande flexibilité, & leurs doigts, sans être aussi mobiles que ceux de la main, servent à l'affermir dans ses différentes positions. Il ne le cède presque à aucun quadrupède pour la vîtesse ; on sait que les sauvages poursuivent les animaux les plus légers à la course, & les atteignent. Aucun d'eux sur-tout ne soutient aussi long-temps que l'homme la fatigue de la marche ; avantage qu'il doit peut-être autant à la force intrinsèque de ses muscles qu'à la disposition mécanique de ses organes. Sa situation droite ne donne pas seulement à sa personne un air de liberté & d'assurance convenable à sa supériorité; mais, en le faisant tourner sur un plan très-circonscrit, elle lui procure encore la facilité de porter rapidement ses regards autour de lui, & d'y déployer toute la puissance de ses bras.

Les bras ne sont point, dans l'homme, des membres destinés à soutenir ou à traîner le poids d'un animal courbé vers la terre, mais des instrumens d'un être actif & intelligent. La mécanique profonde qui se manifeste dans leur structure & dans leur disposition, leur assigne des mouvemens plus variés, & d'un ordre bien plus relevé que ceux que les pieds exécutent. Cependant les extrémités supérieures ont beaucoup de rapports avec les inférieures, & jamais deux objets ne furent si différens avec tant de conformités, elles sont, les unes & les autres, une suite de léviers placés l'un au bout de l'autre, & se servant alternativement de point d'appui; toutes les deux sont divisées en trois parties. Les anatomistes comprennent dans le nombre des pièces qui composent l'extrémité supérieure, l'épaule, qui est à l'égard de l'*humerus* ou de l'os du bras, ce que le bassin est pour celui de la cuisse, c'est-à-dire, le point fixe sur lequel il se meut; avec cette différence, que l'épaule elle-même est un peu mobile, n'étant

DE L'HOMME. 69
...chée sur la partie postérieure de
...poitrine que par des muscles qui
...des organes de mouvement :
...se feroit trop sans la clavicule
...la fixe sur le dos, & l'empêche
...retomber sur le devant de la
...poitrine. La clavicule est cet os
...au haut de la poitrine, attaché
...un côté au *sternum*, & de l'autre
...omoplate ou épaule ; il manque
...plupart des animaux, & se trouve
...le singe, la souris, l'écureuil
...autres espèces, qui se servent de
...pied de devant, comme d'une
... Au surplus, le bras n'est, ainsi
...cuisse, composé que d'une
...pièce, moins longue, mais
...pable de se mouvoir en tout sens
...me le femur.

L'avant-bras qui répond à la jambe est formé, comme elle, de deux o[s] longs. L'éminence par laquelle l'os d[u] coude s'articule avec celui du bras, [a] quelque conformité avec la rotule[:] elle remplit, pendant l'extension d[e] l'avant-bras, la cavité placée entr[e] les deux éminences de l'extrémit[é] inférieure de l'humérus ; mais l[e] rayon qui représente le *peroné*, [a] bien d'autres usages que celui-ci. L[es] mouvemens par lesquels nous pré[-] sentons tantôt le dos, & tantôt l[e] creux de la main, dépendent unique[-] ment du rayon auquel elle est att[a-] chée, & qui dans ces cas tour[ne] sur le *cubitus* ou l'os du coude comme sur un axe ; & c'est sur c[es] mouvemens combinés, variés & gr[a-] tués d'une manière merveilleuſe, qu'eſt fondée principalement la dextérité qui caractériſe la main de l'homme.

La main eſt encore plus différente du pied que l'avant-bras ne l'eſt de la jambe ; tout dans la main annonce la mobilité de cette partie, les huit os qui compoſent le carpe ou le poignet, ſont plus petits, & moins étroitement liés que ceux du tarſe. Les quatre os du métacarpe ſont auſſi plus mobiles que les cinq du métatarſe. Quant aux phalanges des doigts de la main, elles ſont plus longues & plus déliées que celles des doigts du pied. L'articulation de la première des phalanges de chaque doigt de la main avec l'os correſpondant du métacarpe lui permet de se mouvoi[r] en tout sens; & si les mouvemen[s] des autres phalanges sont bornés [à] ceux de flexion & d'extension, ils so[nt] plus précis & plus décidés que ceu[x] que les doigts du pied peuvent exé- cuter. Le pouce de ce dernier, sur-tout diffère essentiellement de celui de l[a] main, qui, outre qu'il a une phalange de plus, est placé hors du rang de[s] autres doigts; de manière que, lorsque ceux-ci s'efforcent de retenir un objet, le pouce, en se fléchissant dans un sens contraire, lui oppose une résistance active qui l'empêche de s'échapper.

Les divisions multipliées de la main, la manière dont elle est articulée avec l'avant-bras, la position res- pective

pective des pièces qui la composent, donnent à cette partie la faculté de varier ses mouvemens d'une manière étonnante. Avec un instrument si admirable, l'homme cependant ne seroit que le plus adroit des animaux, si sa main n'étoit guidée par un principe supérieur à leur instinct, & qui la rend même capable de reproduire toutes les merveilles de ce même instinct dans les arts par lesquels l'industrie humaine les imite. La conformation de cette partie la rend très-propre à être le siége principal de ce sens droit, exact, destiné à rectifier les illusions de tous les autres, & qui porte à l'esprit les premières sensations sur lesquelles il puisse compter. C'est la main qui lui donne l'idée la plus juste & la plus nette de la solidité des corps & de l'espace; par la facilité qu'ont les doigts de s'éloigner & de se rapprocher les uns des autres, la main semble avoir offert à l'homme le premier modèle des instrumens avec lesquels il mesure ces mêmes corps. En lui mettant sans cesse sous les yeux les exemples les plus simples d'une quantité physique variable, les doigts l'ont peut-être aussi familiarisé peu à peu avec les notions des rapports abstraits des nombres. Cependant ce sens circonspect & sage quitte quelquefois la froideur naturelle de son caractère, & se laisse, comme les autres, égarer par l'impétuosité de ses sensations &

du plaisir; mais alors il jouit, & ne calcule pas, ce qui est, sans contredit, la meilleure manière d'être heureux.

Telle est l'esquisse des parties destinées à servir de base à toutes les autres, & dont l'ensemble constitue le dessin fondamental de la machine humaine. Nous allons parcourir rapidement les différens ordres d'organes auxquels elles servent de supports. Ils ne présentent pas un ordre aussi constant, ni autant de régularité qu'elles dans leur structure & dans leur position; ils sont destinés à briller par d'autres avantages; c'est par les puissances actives qui les animent, & qui, variant avec les circonstances, peuvent suppléer à la précision mécanique des inftrumens qu'elle[s] mettent en œuvre.

Le plus important & le plus remarquable de tous les organes qui brille[nt] par leurs facultés actives, c'eft cel[ui] que renferment l'édifice offeux de [la] tête, & le canal de l'épine du do[s.] Le cerveau femble être le feul orga[ne] vivant par fon effence ; il modère[,] il anime, il ralentit l'action de tou[s] les autres. C'eft en lui que réfi[de] le *moi*, & que vont fe confond[re] les impreffions de tous les fen[s;] fans cet organe, nous n'aurio[ns] point le fentiment de notre exiftenc[e,] femblables à ces êtres imparfaits[,] tels que les zoophytes, les végétau[x,] & peut-être beaucoup d'efpèces d'i[n-]fectes, qui n'ayant point de cent[re] de sensibilité distinct, ne jouissent que d'une vie obscure & équivoque. En nous mettant en état de comparer nos sensations actuelles avec nos sensations passées, il constitue l'unité de notre être, tandis que les zoophytes & tout ce qui leur ressemble, bornés à des impressions momentanées, sans en pouvoir tirer aucun résultat permanent, & existant dans chaque point de leur corps, & dans chaque instant de leur durée, sans pouvoir lier toutes ces existences, n'en ont véritablement aucune. Le Créateur ayant voulu que les opérations les plus spirituelles de l'ame fussent subordonnées à la constitution physique du cerveau, on peut dire que c'est de cet organe que sont émanés tous les prodiges de la pensée; en effet, elle en suit tous les différens états; facile & pure comme les mouvemens de cet organe dans la santé, elle s'obscurcit dans la maladie, s'égare dans le délire, ou s'éclipse dans le sommeil, pour reprendre son éclat & sa vivacité, lorsque le cerveau revient à sa manière d'être accoutumée.

Parmi les singularités que présente le cerveau, notre ignorance, relativement à son organisation & à sa manière d'agir, n'est pas une des moindres. Cet organe si admirable dans ses effets, est le plus inconnu dans son action. Tous les anatomistes n'ont été, à son égard, que comme des dessinateurs, occupés à représenter l'exterieur d'une machine, attachés à en rendre scrupuleusement tous les contours, à en retracer les plus petites inégalités, & jusqu'aux plus légers linéamens, sans nous rien apprendre sur son mécanisme intérieur. Au lieu de connoissances réelles, ils nous ont donné des mots; toutes ces dénominations hétéroclites de *nates* & *testes*, de *corps cannelés*, de *glande pinéale*, &c. ne représentent aucune idée; enfin cette nomenclature imposante des différentes parties ou inégalités du cerveau a bien pu faire illusion, mais non point dissiper l'obscurité qui nous cache la véritable nature de cet organe.

On ne peut rien statuer sur ses

rapports de grandeur; on a bien vu qu'en général le cerveau de l'homme avoit relativement plus de volume que celui des animaux; mais rien n'est moins juste que les inductions qu'on a prétendu pouvoir tirer de ce fait, pour faire présumer que l'homme doit à cette différence sa supériorité sur tous les êtres vivans. On n'a point observé que les facultés intellectuelles, soit dans l'homme, soit dans les animaux, fussent en proportion de la grandeur de leur cerveau. L'éléphant en a très-peu, relativement à la masse de son corps, quoiqu'il soit un des animaux les plus intelligens. Les animaux carnassiers l'ont plus petit que les animaux frugivores, & chacun sait la différence qu'il y a entre la stupidité de ceux-ci, & l'instinct raffiné des autres. A la vérité, les poissons, que nous croyons aussi stupides que muets, ont très-peu de cerveau. Cependant, sans vouloir prononcer sur l'instinct de ces êtres, dont les mœurs nous sont aussi étrangères que leur élément, on peut observer que, parmi eux, il y a des espèces voraces & des espèces foibles destinées à leur servir de pâture; ce qui suppose un combat entre la ruse & la force, & par conséquent des combinaisons de moyens opposés. D'ailleurs nous ne jugeons des choses que par les rapports qu'elles ont avec nous, un sourd a bien de la peine à paroître un homme d'esprit à ceux qui entendent, parce que la perte d'un sens l'a privé des relations que ce sens lui donnoit avec nous.

- Les qualités sensibles du cerveau n'offrent rien qui réponde à l'énergie particulière de cet organe. On ne voit en lui qu'une masse pulpeuse, dont la mollesse & l'inorganisation apparente contrastent avec le caractère fugitif de ses opérations, & l'état inerte avec la vivacité de son action ; principe & source du mouvement, il paroît lui-même en être privé tout-à-fait.

La masse du cerveau se divise en cerveau proprement dit, en cervelet, en moëlle alongée & en moëlle épinière, toutes composées de deux substances distinctes, qui font la substtance corticale ou cendrée, & la substance médullaire. La première partie du cerveau, ou le cerveau proprement dit, occupe la partie antérieure du crâne; le cervelet est situé dans sa partie postérieure, la moëlle alongée est une production commune du cerveau & du cervelet, & la moëlle épinière un prolongement de celle-ci. Cette division naturelle de la masse générale du cerveau, a donné occasion d'en faire de systématiques sur ses facultés. D'après cette division, Willis avoit cru pouvoir rapporter au cerveau, proprement dit, les fonctions des sens, & les mouvemens volontaires; & au cervelet, celles dont la vie dépend essentiellement, telles que les mouvemens de la respiration & du cœur. Cette hypothèse a été démentie par l'observation, ainsi que celles qui ont successivement assigné le siége de l'ame à différentes parties du cerveau, telles que le *corps calleux*, la *glande pinéale*, les *corps cannelés*, &c.

Une opinion plus extrême, sans être moins fausse, est celle qui présente le cerveau comme un organe dont l'homme pourroit, à la rigueur, se passer, parce qu'on a vu un enfant sans cerveau & sans moëlle alongée, & ces parties réduites en eau dans l'hydrocéphale. Nous ignorons le point où finissent les puissances de la Nature ; l'observation a appris que la vie peut subsister long-temps dans des organes très-viciés; on a vu des gens vivre long-temps avec un poumon détérioré & presque détruit, avec un foie presque réduit en putrilage; d'autres ont survécu long-temps à des lésions très-considérables du cerveau, sur-tout lorsque ces altérations ont été amenées par une gradation lente. Car dans ce dernier cas, il semble que la nature ait le temps de s'arranger pour tirer le meilleur parti des moyens qui lui restent, & que, si une partie est détruite, elle concentre ses forces dans une autre : au lieu qu'une très-petite lésion, mais subite, qui la prend, pour ainsi dire, au dépourvu, produit souvent une mort prompte. Notre manière de concevoir nos intérêts nous porte à accuser la Nature de quitter, dans ce cas, la partie trop légérement ; mais on verra encore mieux, par la suite de cet Essai, que ce phénomène est une suite nécessaire de notre constitution intime, & tient à une des loix fondamentales de la sensibilité.

Ainsi un cerveau réduit en eau, n'en est pas moins un cerveau. D'ailleurs, il ne faut pas croire que ce soit de l'eau pure. On connoît la disposition qu'ont les parties les plus fluides de nos humeurs à s'organiser & à prendre une forme solide. Quelques degrés de chaleur suffisent pour donner de la consistance à la sérosité du sang. Si l'on conçoit que celle du cerveau puisse diminuer par l'effet d'une altération lente, sans que la vie cesse, on peut bien supposer que cette consistance, diminuée de quelques degrés de plus, par une altération plus prolongée, peut enfin être réduite à un état fluide, & que la vie peut encore s'y maintenir. Notre imagination, à la vérité, est effrayée de voir fluide ce que nous sommes accoutumés de voir solide : c'est faute de réfléchir à la consistance primitive du cerveau dans l'embryon, qui a été dans un état de fluidité. C'est ainsi que souvent des effets très-naturels & très-communs nous paroissent extraordinaires, parce que la réflexion ou l'habitude de les voir nous manque.

Le phénomène le plus frappan[t] de ceux qu'offre le cerveau, e[t] cette division qui le partage e[n] deux hémisphères, qui a lieu auff[i] dans le cervelet, & fe rend fenfible, par une rainure, même dan[s] les parties qui paroiffent folitaires telles que le *corps calleux*, la *protubérance annulaire*, & la *moëll[e] épinière*; division qui entraîne cell[e] de tout le refte du corps en deu[x] parties latérales adoffées l'une [à] l'autre. C'eft de cette division que dépend ce grand nombre de rapports qu'ont entr'eux les différens organes du même côté du corps, dont la connoiffance eft très-importante en médecine, & qui fe manifeftent, non-feulement dans la paralyfie, mais encore dans beaucoup d'autres affections moins tranchantes.

Ce partage qui semble faire deux individus de notre corps, & qu'il est si difficile de concilier avec l'unité & la simplicité de ses résultats, est vraisemblablement fondé sur quelque grande combinaison de la Nature, sur quelqu'une de ces loix à peine entrevues, qui régissent les êtres organisés; loix qui sont pour eux ce que d'autres loix font pour le monde matériel & dépourvu de vie, dont tous les phénomènes dépendent de l'action & de la réaction réciproques des parties qui le composent. Ce partage du corps établit peut-être entre les parties divisées une sorte d'antagonisme nécessaire pour entretenir leur activité, & par l'effet duquel elles se servent d'excitant l'une à l'autre. Cet antagonisme, la nature le cherche & l'affecte par-tout, & elle fait peut-être, pour maintenir la vie des individus, ce qu'elle fait pour le leur donner. Le concours de deux individus de la même espèce, s'il n'est pas toujours nécessaire, est du moins la forme la plus constante & la plus générale que la nature suit dans leur génération. Il ne faut pas croire que cela tienne à la nécessité des sexes qui se trouvent ordinairement séparés : car il y a des êtres, tels que les limaçons, qui les réunissent tous les deux, & qui néanmoins ont besoin de se rappro-

-her, & de s'unir pour se perpétuer. Il semble que le charme qu'ont
un pour l'autre deux individus de
la même espèce, en les animant
d'une certaine ardeur, donne à leur
action commune une intensité qu'elle
n'auroit pas sans lui, & que les
matériaux qu'ils y emploient, émanés
de deux sources différentes, n'en
remplissent que mieux leur destination, par cela seul qu'ils sont étrangers les uns aux autres.

Il faut encore observer que lorsque
les différences, introduites peu à peu
dans une même espèce, sont par-
venues à y produire des variétés
constantes, ou des races différentes,
par le laps de temps, ces races
s'affoiblissent, dégénèrent; comme

si leur façon d'être étoit trop une[?] trop monotone, elles semblent enfi[n] lasses d'exister toujours de la mêm[e] manière. C'est ainsi que par l'effe[t] de l'habitude, à force de sent[ir] toujours la même chose, on pa[r]vient à ne plus la sentir du tou[t.] Il faut alors qu'un principe un pe[u] étranger à ces races vienne se mêle[r] à leur existence languissante, pou[r] la ranimer, la réhabiliter, & lu[i] rendre son énergie. Si on pren[d] soin d'unir les individus de race[s] différentes, le produit de ce mélange est plus vigoureux & plu[s] animé qu'elles. On observe que les animaux provenus de races croisées, ont plus de force & d'activité que ceux qui sont nés de races simples.

es effets singuliers de la greffe des végétaux, dépendent peut-être de ce principe général, qui fait que deux êtres sensibles vivent mieux à côté un de l'autre que séparés; on diroit qu'ils s'excitent réciproquement à vivre. On a cru observer qu'à Paris, (& il en est sans doute de même dans toutes les grandes sociétés) les vieillards jouissent plus long-temps de leurs facultés, & que l'agitation générale les soutient contre l'affaissement de la caducité. Par la même raison, sans doute, deux organes semblables, destinés à la même fonction, la remplissent mieux que ne feroit un seul avec le double de force ou de facultés. On peut déjà entrevoir dans cet apperçu sur la grande division qui partage [les] animaux en deux parties égales, qui se manifeste même dans [les] végétaux par le parallélisme & [la] correspondance de leurs branches [&] de leurs feuilles, la tendance u[ni]verselle qu'ont les êtres organi[sés] à être plusieurs ensemble. Mai[s] outre cette disposition générale on verra dans l'homme d'autre[s] élémens qui tendent plus partic[u]lièrement encore à préparer le cara[c]tère social qui le distingue.

Cette division de la machine an[i]male se marque, d'une manière sen[?]sible, par une ligne qu'on pe[ut] aisément reconnoître dans certain[es] parties extérieures du corps. Lors[?]qu'elle disparoît à l'extérieur, on [la] se trouve dans les parties internes. La disposition symmétrique des organes dans chaque région du corps, le fait présumer. Si un organe est unique, tel que la langue, un trait longitudinal, dans son milieu, fait voir sa séparation, ou bien elle est indiquée par le nombre égal & correspondant des parties accessoires qui en dépendent, telles que les nerfs, les vaisseaux, les muscles, les cartilages. Lorsqu'un organe est unique, il se partage quelquefois en plusieurs masses plus ou moins égales, situées les unes à droite & les autres à gauche. C'est ainsi que les poumons sont deux masses spongieuses, dont l'une occupe la cavité droite, & l'autre la cavité gauche

de la poitrine, quoique la trach[ée-]
artère ou le canal qui leur app[orte]
l'air extérieur, & auquel elles tienn[ent]
comme à un pédicule commun, [est]
unique. La tête de ce canal, ou [le]
larynx, offre aussi la même di[spo-]
sition dans les cartilages & les ban[des]
ligamenteuses qui constituent [la]
glotte, c'est-à-dire, l'organe de [la]
voix.

Le cœur, placé de même dan[s la]
poitrine, est bien composé de d[eux]
cavités séparées par une cloison [mi-]
toyenne, comme les deux cavit[és de]
la poitrine elle-même, le sont [par]
la membrane qu'on nomme *mediasti*[n:]
mais cette division du cœur en d[eux]
ventricules, semble ne pas être u[ne]
suite de la grande division du cor[ps]

elle paroît dépendre de la nature des fonctions particulières à cet organe.

Les viscères contenus dans le bas-ventre présentent aussi un ordre symmétrique dans leur position. Si le foie, qui est un organe unique, est situé dans le côté droit, la rate, placée dans le côté gauche, & dont on prétend même que les fonctions ont quelque analogie avec celles du foie, lui sert de contre-poids. Les reins font un organe double; l'un est placé sous le grand lobe du foie, & l'autre sous la rate; de chaque rein il part un canal, nommé uretère, qui porte à un réservoir commun, c'est-à-dire, à la vessie, l'urine que le rein a séparée. Il faut observer

que les deux masses longitudinales qui, par leur adossement, forment l'animal, ont des organes subsidiaires communs à l'une & à l'autre. La situation de ces organes correspond ordinairement à l'axe du corps. La vessie est dans ce cas, elle est située dans la partie moyenne & inférieure du bas-ventre. Il en est de même de l'estomac, qui en occupe la partie supérieure ; le volume de ce viscère creux, à la vérité, se partage de manière que sa plus grande portion occupe l'hypocondre gauche, &
par là il rétablit l'équilibre détruit par la masse du foie, trop peu contrebalancée par celle de la rate ; mais l'orifice par lequel l'estomac reçoit les alimens, est situé vis-à-vis

corps des dernières vertèbres du dos, le canal muſculeux qui les y apporte, ou l'œſophage, en deſcendant le long des vertèbres du col & du dos, ſuit l'axe du corps, & l'orifice par lequel ils en ſortent, pour paſſer dans les inteſtins, eſt placé auſſi vis-à-vis les premières vertèbres des lombes. Le canal inteſtinal, qui eſt une continuation de l'eſtomac, ſui-vroit ſans doute la même direction, ſi ſa longueur ne l'obligeoit de faire pluſieurs circonvolutions (*).

La diviſion qu'entraîne celle du cerveau, dans tout le reſte du corps,

---

(*) On croit que la longueur de ce canal, dans l'homme, eſt ſept à huit fois la longueur de ſon corps.

ne paroît peut-être nulle part d'une manière auffi manifeste que dans les organes de la génération. Ces organes, tant ceux qui font renfermés dans l'intérieur du corps, que ceux qui paroiffent à l'extérieur, ou font doubles, ou partagés vifiblement en deux parties latérales, s'ils font folitaires. Il n'eft pas furprenant que l'organe duquel la vie émane, & ceux qui font deftinés à la propager, portent la même empreinte.

Ainfi la difpofition générale des parties qui compofent notre corps, eft évidemment fubordonnée à celle du cerveau. On verra que leur action & leurs mouvemens font également affujettis à l'influence de cet organe, & que tout ce qui s'opère d'effentiel dans l'animal semble se faire pour lui & par lui. Il est présent à toutes les parties par le moyen des nerfs ; c'est par eux qu'il modifie, qu'il développe, qu'il anime ces parties, & que les affections de chaque organe lui deviennent propres.

Les nerfs sont des cordons, dont la substance est la même que la substance médullaire du cerveau duquel ils tirent leur origine. Ainsi que des branches symmétriques qui sortent d'un même tronc, ils partent du cerveau & de la moëlle épinière, & vont, par paires, répandre la vie & le sentiment dans tout le système animal, ou plutôt dans les deux parties latérales qui le composent. Neuf paires sortent de la base du cerveau ou de la moëlle alongée, par des ouvertures particulières, pour former les différens organes des sens, & animer toutes les parties de la face. Une dixième paire naît de cette moëlle entre le crâne & la première vertèbre du col, pour s'unir aux nerfs qui l'avoisinent, & se distribuer sur quelques muscles propres à cette partie, ainsi que sur différentes parties de la tête. Vingt-neuf paires sortent par des ouvertures latérales de cette colonne osseuse formée par la réunion des vertèbres & de l'os *sacrum*, & se rendent aux parties qui correspondent à leur origine. Les nerfs vertébraux prennent le nom de l'endroit de leur naissance ; ainsi on appelle cervicales

les sept paires qui naissent de la partie de cette colonne qui forme le col; dorsales, celles que fournissent les vertèbres du dos; lombaires, celles qui ont leur origine dans les vertèbres des lombes; & sacrées, celles qui sortent par l'os *sacrum*. Telles sont les principales branches de cette espèce d'arbre, dont le cerveau & la moëlle épinière forment le tronc, qui par ses immenses ramifications embrasse toutes les parties, leur communique la sensibilité & le mouvement, & concourt à former le fond & la substance de leur tissu.

Les nerfs qui sortent de la colonne vertébrale, ne forment point, comme ceux du cerveau, de sens particuliers, si on excepte ce sens général connu sous le nom de tact, qui est commun à toutes les parties où le système nerveux s'étend. La destination principale de ces nerfs est d'animer les puissances qui exécutent les différens mouvemens du corps. Toutes les parties, depuis la tête jusqu'à l'extrémité opposée du tronc, se meuvent par l'influence des nerfs.

De la réunion de plusieurs branches des nerfs que fournissent les dernières vertèbres du col, & les premières du dos, se composent ces cordons nerveux auxquels l'homme doit la force de ses bras. C'est de la même manière que des nerfs que fournit l'autre extrémité de la colonne verébrale, se forment les cordons qui donnent le mouvement aux extrémités inférieures.

Entre ces deux mobiles extérieurs & opposés de la machine animale, il en est un intérieur qui leur sert de point-d'appui lorsqu'ils ont à faire des efforts violens. C'est le diaphragme, ou cette cloison musculeuse & membraneuse qui sépare la poitrine du bas-ventre, & qui flottant sans cesse entre ces deux cavités, presse alternativement les organes qu'elles renferment. Cet organe, qui tire ses principaux nerfs des vertèbres du col, est aussi intéressé dans les vives affections de l'ame que dans les mouvemens extraordinaires du corps, parce que chaque passion tendant à des actions qui la caractérisent, elle doit nécessairement faire éprouver une forte réaction au diaphragme, qui est le centre de tous les grands mouvemens du corps. Cette réaction se marque par cette impression fâcheuse qu'on éprouve au creux de l'estomac ou à la fossette du cœur, lorsque l'ame est vivement affectée; effet qui dépend, sans doute, d'une constriction trop forte & trop prolongée du diaphragme, qui doit inévitablement gêner, troubler ou suspendre la respiration, & qui faussement fait croire à plusieurs médecins que cette partie étoit le siége & la source de la sensibilité.

L'étendue & la multiplicité infinie des ramifications nerveuses ont porté une classe de médecins à considérer les nerfs comme la base de toutes les parties solides de notre corps : aussi avoit-on donné le nom de *dure-mère* à l'enveloppe la plus extérieure du cerveau, parce qu'on la regardoit comme l'origine commune de toutes les autres membranes; mais les découvertes ultérieures de l'anatomie ont fait voir que cette membrane n'accompagne point les nerfs dans tout leur trajet, & qu'en sortant du crâne & du canal des vertèbres, ils s'en dépouillent pour en prendre une autre formée par une espèce de toile cellulaire.

Les nerfs qui viennent du cerveau

ne tirent point leur dénomination
comme les nerfs vertébraux du lieu
de leur origine, mais de l'organe
auquel ils aboutissent, ou de la fonction qu'ils y exercent; ainsi, on
appelle olfactifs les nerfs qui servent
à l'odorat; hypoglosses, ceux qui sont
les instrumens du goût; optiques,
ceux qui transmettent à l'ame l'impression de la lumière & des couleurs : outre cette paire de nerfs
spécialement destinée à la vision, la
troisième paire, la quatrième, une
branche de la cinquième, & toute
la sixième, qui, à la vérité, est très
menue, sont employées par la Nature
aux différens mouvemens des yeux
ou des parties qui en dépendent.
Ce grand appareil de nerfs est peut-être

ce qui donne à cet organe ce caractère d'expression qui le rend si intéressant, & qui le distingue de tous les autres : car aucun ne réfléchit, comme lui, le sentiment, & ne manifeste au-dehors l'état intérieur de l'ame. L'organe même de l'ouïe, à qui elle doit tant d'émotions vives ou douces, n'en trace aucune à l'extérieur, & l'effet puissant d'une musique pathétique réagit plus, & se fait mieux appercevoir dans les yeux que dans l'organe même qui en reçoit la première impression.

Les nerfs de l'ouïe, qu'on nomme auditifs, & qui forment la septième paire, dans l'ordre établi par les anatomistes, sont composés chacun de deux cordons, qui diffèrent par leur grosseur, ainsi que par leur consistance. La portion grêle & molle est celle qui est particulièrement destinée à l'exercice de l'ouïe. La portion dure, qui est aussi la plus grosse, se répand sur les différentes parties qui en avoisinent l'organe, & il est étonnant que les rameaux de cette portion n'impriment point sur la physionomie les affections que l'autre éprouve.

La multitude des relations de la huitième paire avec les différen[s] organes du corps, lui a fait donne[r] le nom de *vague* ; car elle fourni[t] des rameaux aux muscles de la langue & s'unit aux nerfs propres de c[et] organe; elle en distribue aux autr[es]

organes de la voix, aux artères &
aux veines voifines, à l'éfophage,
aux poumons, au diaphragme; elle
concourt avec des filets fournis par
le grand nerf fympathique, à former
ces *plexus* ou entrelacemens, qui
embraffent les poumons, le cœur,
& lui foumettent ces vifcères; elle
fe répand fur l'eftomac, elle communique auffi avec tous ces autres
entrelacemens ou réfeaux particuliers,
dont le grand nerf fympathique
fournit les principales ramifications,
& qui par conféquent mettent dans
fa dépendance la rate, le foie, les
reins & les organes de la génération.
Ces relations fi étendues de la paire
vague, lient le cerveau aux organes
les plus effentiels à la vie, y tranf-

mettent son influence, & lui donnent à lui même le sentiment des altérations qu'ils éprouvent. Ceux qui nient que l'ame ait aucun sentiment de ce qui se passe dans nos viscères, n'ont pas observé les vicissitudes rapides auxquelles les tempéramens délicats & sensibles sont sujets. Un mélancolique qui digéroit bien son dîner, avoit de la gaieté, des idées fraîches & riantes. Son esprit & son visage prennent tout-à-coup une teinte sombre; que lui est-il arrivé d'extraordinaire? c'est qu'il a bu mal à propos un verre d'eau qui a dérangé la marche de sa digestion, & que son ame a été avertie sans doute de ce dérangement par la huitième paire de nerfs.

Au nerf vague se joint un autre nerf qu'on nomme *spinal*, & qui diffère des autres par sa naissance & sa distribution irrégulière ; il est double, comme tous les autres, c'est-à-dire, qu'il naît des deux côtés de la moëlle épinière du col : mais au lieu de se distribuer de suite aux parties voisines, il remonte vers le trou occipital, entre dans la tête, & en sort avec la paire vague. Il paroît qu'on ne sait point encore la raison finale & les effets réels de cette singularité.

Une paire de nerfs encore plus digne d'attention, par son origine, son étendue, sa situation & ses nombreuses liaisons, ce sont les nerfs qu'on nomme intercostaux ou grands sympathiques, parce qu'ils communiquent avec presque tous les autres nerfs du corps. Ils s'étendent, un de chaque côté des vertèbres, depuis les premières du cou jusqu'à l'extrémité opposée de la colonne vertébrale, présentant d'espace en espace, dans leur trajet, des espèces de tubercules, qu'on nomme *ganglions*, & qui servent de point de communication, soit entre les filets nombreux que les différentes paires vertébrales leur envoient, soit entre ces mêmes filets & d'autres émanés des paires cérébrales. Ils semblent être un composé de tous, un résultat de ce que chaque nerf vertébral fournit pour former un cordon étendu le long des racines des nerfs de l'épine du dos, & prolongé jufqu'au cerveau par la cinquième & la fixième paires, afin d'établir une communication facile, & de mettre de l'enfemble entre toutes les parties du fyftème nerveux.

Les ganglions des grands nerfs fympathiques font le fondement d'une hypothèfe qui eft très-ingénieufe, fans en être plus vraie. M. Jonhftone, Médecin Anglois, en tire la raifon de la différence des mouvemens volontaires, & des mouvemens indépendans de la volonté. Il prétend que les organes dont les mouvemens ne font point foumis à l'influence de la volonté, tels que le cœur & les inteftins, reçoivent leurs nerfs des ganglions des intercoftaux ou sympathiques; de sorte que, d'après cette idée, ces ganglions sont une barrière contre laquelle l'empire de l'ame va se briser. Mais, outre que ce système n'explique point pourquoi un ganglion est un obstacle insurmontable à l'action de l'ame, il porte sur une supposition gratuite, puisque des organes qui tirent leurs nerfs d'un ganglion, exécutent des mouvemens subordonnés à la volonté.

La plupart des anatomistes ont expliqué les effets sympathiques que présentent les affections des divers organes par les communications des nerfs, sur-tout par celle qui existe entre l'intercostal & la cinquième, la sixième & la huitième paire des nerfs de la moëlle alongée. C'est ainsi, par exemple, qu'ils rendent raison de l'éternuement qui suit une impression vive faite sur le nez ou sur les yeux; & on ne peut nier que quelques effets ne dépendent réellement de la communication immédiate qui se trouve entre certains nerfs. Néanmoins il s'en faut bien que tous ces rapports intimes & singuliers qui subsistent entre des organes éloignés, puissent se rapporter à cette cause. On voit des organes qui n'ont aucune communication entr'eux, être cependant liés par une forte sympathie, tandis que d'autres parties, qui ont entr'elles une relation évidente, soit par le moyen de l'intercostal, soit par le moyen d'autres nerfs, ne sympathifent point. Cela prouve que la sympathie peut bien se réaliser par la communication des nerfs; mais il en résulte que celle-ci n'est point la cause nécessaire de l'autre, & que les rapports sympathiques des organes tiennent à un principe plus caché de l'économie animale.

Les dépendances du grand nerf sympathique ou de l'intercostal sont si étendues, un si grand nombre de parties sensibles ont des rapports de communication avec lui, que si, à l'occasion d'une impression faite sur une de ces parties, toutes les autres étoient nécessairement affectées, l'ordre de nos sensations seroit interverti; d'où l'on peut certainement conclure que la nature a encore mieux ordonné que les anatomistes les ressorts de la machine animale.

Robert Whytt en a conclu que les organes ne sympathisent ou n'agissent l'un sur l'autre que par la médiation du cerveau, c'est-à-dire que lorsque, par exemple, un objet dégoûtant frappe nos yeux, & occasionne un mouvement convulsif de l'estomac, ce dernier effet n'est point une suite de la communication immédiate des nerfs de ces deux organes, mais le résultat de l'impression faite sur la vue, & transmise au cerveau, qui réagit, à son tour, sur l'estomac. Il est très-probable que cela s'opère de cette manière, en général, dans tous les animaux d'une ſtructure très-compoſée, dans tout ſyſtème de matière organiſée, où une partie dominante donne le branle à toutes les autres, & devient le centre de toutes les impreſſions qu'ils reçoivent, comme le cerveau l'eſt dans l'homme. Cependant il n'eſt pas impoſſible que des organes auſſi liés entr'eux que le ſont ceux qui compoſent un animal, ſe communiquent leurs affections, & ſoient unis pour des rapports ſympathiques, ſoit en vertu de leur contiguité, ſoit par le moyen de leurs émanations ſpécifiques, capables de pénétrer le tiſſu cellulaire qui leur ſert de lien commun. C'eſt, ſans doute, de cette manière que s'affectent réciproquement les parties des corps organisés qui n'ont point le cerveau : car, sitôt que deux parties d'un même être, quelque simple qu'il soit, doivent concourir au même but, il faut qu'elles puissent s'avertir, pour s'adapter & prendre la disposition convenable à cet objet.

Quelques Naturalistes ont cru déjà avoir observé quelques mouvemens spontanés dans les parties sexuelles des plantes, & les fleurs, qui n'ont jusqu'à présent charmé nos sens que par leur coloris & leur parfum suave, vont peut-être bientôt nous intéresser encore par leurs affections.

Mais la faculté de sentir, dans les animaux, qui ont un point de réunion des sensations, ou un cerveau, semble ne s'effectuer que par

le moyen des nerfs. Si on lie, o[u]
si on coupe un nerf, tous les organe[s]
auxquels il se distribue, perdent l[e]
sentiment & le mouvement ; o[n]
fait perdre à un animal, en lu[i]
liant ou coupant le nerf *recurrent*
qui est une branche de la huitièm[e]
paire. Cette loi est si générale, qu'o[n]
peut regarder comme très-douteu[x]
les faits particuliers qui paroissent [y]
déroger ; & si les exceptions qu'o[n]
allègue étoient fondées, elles ren[-]
treroient dans la classe des sympa[-]
thies qui s'effectuent par la conti[-]
guité des parties, c'est-à-dire, qu[e]
si la lésion d'un organe dépourvu d[e]
nerfs (*), nous faisoit éprouver d[e]

(*) Plusieurs Anatomistes prétendent qu[e]

la douleur, il est probable que le cerveau seroit, dans ce cas, affecté de la même manière qu'une partie d'un corps organisé qui n'a point de nerfs, l'est par la lésion d'une autre partie; mais si dans les animaux constitués physiquement comme l'homme, les organes n'agissent en général les uns sur les autres, que par l'entremise du cerveau, l'ordre le plus constant, est qu'il ne sentent que par celle des nerfs. Cependant on ne sauroit inférer de là que la faculté de sentir appartienne exclusivement aux nerfs, puisque des classes très-nombreuses d'êtres qui

la dure-mère, le périoste, les tendons & les ligamens sont dans ce cas.

n'ont point ces organes, donnent des marques évidentes de senfibilité, de sorte que la loi qui borne la faculté de sentir aux nerfs, n'est que relative à la constitution de certains êtres.

Ainsi le cerveau, la moëlle épinière, & les nerfs qui en font un prolongement, font la puissance qui donne l'impulsion à tout le système animal, & la seule qu'on puisse considérer comme essentiellement active par elle-même; car, en supposant même que tous les autres organes soient doués d'une sorte d'activité qui leur soit propre, comme les expériences qu'on a faites sur ce qu'on appelle *irritabili* , paroissent le démontrer, l'action de toutes ces machines rivantes n'en est pas moins subordonnée à celle du cerveau ; il règle, modifie leurs mouvemens, pour les faire concourir, de la manière plus avantageuse, au bien commun, & à la conservation du tout. Le sommeil même ne les dérobe point à l'influence de ce mobile principal, comme le pense M. de Buffon. Le repos que le sommeil amène, ne suspend l'action du cerveau que relativement à l'exercice des sens & de la pensée; mais cette action subsiste toute entière par rapport aux organes des fonctions vitales, qui ne manquent point de se troubler, ni même de cesser, lorsque la correspondance qui est entr'eux & le cerveau vient à être interrompue ou

dérangée. Une chatte, à qui on l[ie]
les nerfs de la huitième paire q[ui]
vont au cœur & au poumon, mour[t]
dans le même inftant (*). D'ailleu[rs]
il feroit difficile de croire que [la]
nature eût répandu en vain une
grande quantité de nerfs dans l[es]
différens vifcères, quantité qu[i,]
en général, femble proportionnée [à]
l'importance des fonctions qu'ils rem[-]
pliffent.

Enfin, la partie fondamentale [de]
l'animal doit être celle dont les a[f-]
fections intéreffent toutes les autr[es]
parties, & qui fubfifte dans le pl[us]
grand nombre des efpèces : or, [...]

(*) Mémoires de l'Ac. des Science[s,]
an. 1706.

l'influence que non-seulement les lésions du cerveau & de ses dépendances, mais encore les passions, & même la seule contention de l'ame, ont sur tout le système organique. Le cerveau & la moëlle épinière, ou du moins leur enveloppe, sont la première partie qu'on aperçoit dans l'embryon. C'est celle qu'on retrouve jusque dans les espèces, telles que les insectes, dont l'organisation s'éloigne le plus de celle de l'homme & des animaux qui lui ressemblent par leur constitution physique: les sens dont ces espèces sont pourvues, supposent même cette partie, quelle que soit sa forme. Cette partie, c'est-à-dire, le centre de toutes les impressions que reçoit

l'individu vont se réunir, est ce [qui]
caractérise l'animal. Les espèces [aux]-
quelles ce point de réunion, qui co[ns]-
titue le *moi*, manque, ne doivent [pas]
être mises dans la classe des [ani]-
maux; & l'huître, qui n'a ni [cer]-
veau, ni nerfs, quelle que soi[t la]
ressemblance que ses attributs e[xté]-
rieurs lui donnent avec les anima[ux,]
se rapproche encore plus des vé[gé]-
taux par ses qualités intrinsèque[s.]

Le cœur est le centre d'un a[utre]
ordre d'organes, dont le doma[ine]
est aussi étendu que celui des ne[rfs.]
Ce sont les vaisseaux dont [les]
principaux troncs s'abouchent avec [ce]
viscère creux, qui a son siége d[ans]
la poitrine. Les uns, qu'on appe[lle]
artères, recevant de lui le sang q[u'il]

...asse de ses ventricules, dans le ...ment où il se contracte, vont ...r leurs branches & leurs ramifica- ...ns innombrables, se répandre ...ns toutes les parties du corps: ...autres qu'on nomme *veines*, ...prennent ce fluide que les extré- ...tés artérielles leur transmettent, ...par des ramifications des branches, ...des troncs à peu près correspon- ...s à ceux des artères, le ramènent ...cœur, où il entre dans le moment ...ce viscère se dilate.

...Ces instrumens de la circulation ...nérale des humeurs, ne sont pas ...ut-à-fait disposés comme les organes ...sentiment; les vaisseaux ne sortent ...int du cœur ou de leurs troncs ...incipaux, comme les nerfs sortent

du cerveau & de la moelle épin[ière]
par branches correspondantes e[ntre]
elles ou par paires. Cependant e[lles]
se conforment, à quelques di[ffé]-
rences près, à la division géné[rale]
du corps en deux parties latéral[es]
& à la disposition particulière [des]
organes. Lorsque ceux-ci sont doub[les]
les artères & les veines le sont a[ussi].
Un seul tronc se distribue & se [ra]-
mifie dans un organe qui est [soli]-
taire. Ainsi, lorsque l'aorte ou
tronc principal des artères, a[près]
avoir donné au cœur & à ses d[épen]-
appendices deux petits troncs a[rté]-
riels, en partant du ventri[cule]
gauche de ce viscère, est parv[enue]
au haut de la poitrine, elle
fournit deux plus gros, qu[i]

belle *carotides*, pour les deux parties
[laté]rales de la tête. Ils se partagent
[cha]cun en deux branches, dont l'une
[por]te le sang au cerveau par le
[can]al osseux de l'apophyse pierreuse,
[&] l'autre le distribue dans les parties
[extér]ieures. Deux autres artères,
[qu]'on nomme *sous-clavières*, pren-
[ne]nt naissance à côté des carotides,
[&] vont en jetant des branches sur
[le]s parties voisines, & en chan-
[ge]ant de nom dans leur trajet, se
[ra]mifier le long des bras.

Mais l'aorte qui, après avoir donné
[ce]s branches, se courbe pour redes-
[ce]ndre, & passer de la poitrine dans
[le] bas-ventre, en traversant le dia-
[ph]ragme, fournit, dans l'étendue
[d]e la première de ces deux cavités,

de petites branches, qui tantôt fo[nt]
impaires, telles que l'intercost[ale]
supérieure, la bronchiale, & l'œ[so-]
phagienne, qui cependant varie[nt]
beaucoup quant à leur origine &
nombre de leurs branches; & tant[ôt]
sont paires, telles que les interco[s-]
tales inférieures. De même, lorsq[ue]
l'aorte est entrée dans le bas-ventr[e,]
elle ne donne qu'un tronc commu[n]
qu'on appelle artère *cœliaque*, po[ur]
l'estomac, le foie & la rate, auxque[ls]
il se distribue par trois branches di[f-]
férentes. Les intestins grêles ne re[-]
çoivent aussi de l'aorte qu'un tro[nc]
principal, qu'on nomme artère *m[é-]
senterique* supérieure, comme le[s]
gros intestins n'ont que la mésente[-]
rique inférieure; mais il y a de[ux]
artère[s]

artères pour les reins & deux pour les organes de la génération, parce que les uns & les autres sont doubles; & l'aorte fait une bifurcation conforme à celle du corps, pour gagner sous différens noms les deux extrémités inférieures.

Les vaisseaux qui reportent le sang au cœur, ou les veines, ne sont pas même exactement correspondans aux artères par leur nombre & leur direction : car, à ne considérer que leurs principaux troncs, on voit que le sang, qui, en sortant du ventricule gauche du cœur, est reçu dans le seul gros tronc de l'aorte, revient au ventricule droit par deux gros troncs veineux qu'on appelle *veines caves*. La circulation en petit, que

H

le sang, de retour de toutes les parti[es]
du corps, subit dans le poumon[s]
présente les mêmes différences, il
passe du ventricule droit du cœur p[ar]
la seule artère pulmonaire, & revie[nt]
au ventricule gauche par quatre tro[ncs]
veineux.

Cependant les artères & les vein[es]
représentent assez bien deux arb[res]
unis par les extrémités de leurs
meaux, & tenant par leurs tro[ncs]
à un fond commun, qui est le cœu[r]
de manière que le sang, qui sort
l'un de ces troncs, y revient
l'autre. L'arbre que représente
système nerveux n'est point doubl[e]
comme celui des vaisseaux, les ne[rfs]
qui vont du cerveau & de la mo[elle]
épinière se répandre dans toutes

parties du corps, ne sont point accompagnés d'autres nerfs correspondans, qui de ces parties retournent au cerveau & à la moëlle épinière; car ils n'ont rien à faire circuler, quoiqu'en disent ceux qui supposent un fluide ou des esprits circulant dans les nerfs.

Quoique le système vasculeux & le système nerveux diffèrent par leur disposition, comme par leur nature, ils se trouvent cependant plus ou moins liés intimement. Les dernières divisions des vaisseaux s'étendent aussi loin que celles des nerfs, & l'union des unes avec les autres, cimentée par le tissu cellulaire, semble former la substance de toutes les parties. Les vaisseaux & les nerfs pénètrent dans celles dont la confiftance eft la plus dure. Il n'y a pas jufques aux dents qui n'ayent, chacune, une artère, une veine, & un nerf. Les vaiffeaux y apportent, fans doute, les matériaux néceffaires à la nutrition, & la faculté vitale les façonne & leur imprime le caractère fpécifique de chaque animal, & celui de chaque organe. Ariftote auroit dit que les uns fourniffent la matière, & les autres la forme. Les artères fituées en général plus profondément dans les parties, & formées d'un tiffu plus denfe, fe laiffent moins appercevoir aux yeux que les veines, dont la texture plus mince, & la fituation plus extérieure leur permettent fouvent de mêler des traits de pourpre

à la blancheur de la peau. Les artères
se distinguent aussi des veines par
la pulsation qui est moins sensible
& moins générale dans ces dernières.
Ce mouvement des vaisseaux, uniforme tant que le corps est dans
une assiète naturelle & calme, varie
au gré des impressions physiques &
morales qu'éprouve l'individu. L'irritation d'un nerf produite par une
épine, occasionne quelquefois la
fièvre; & la pudeur, qui colore si
subitement le visage, fait assez voir
combien le mouvement des vaisseaux
est subordonné à l'influence de l'ame
ou des nerfs, qui sont les instrumens
de son action.

Cependant il ne faut pas croire
que, dans ce cas, les affections

qu'éprouvent les nerfs se transmettent aux vaisseaux par une suite nécessaire d'une communication réelle entre ces deux genres d'organes. Il est probable que cette transmission s'opère d'une manière sympathique, car des observateurs très-habiles, tels que M. l'Abbé Fontana, n'ont jamais pu parvenir, malgré les recherches les plus exactes, à découvrir des nerfs, ni des fibres musculaires dans les petits vaisseaux.

Les vaisseaux, à force de se diviser en branches & en rameaux, toujours plus petits que leurs troncs, & par une dégradation successive de leur calibre, parviennent enfin à n'être plus que des filières déliées qui par leurs circonvolutions, &

se pelottonnant, forment, ou du moins concourent à former ces grains plus ou moins senfibles, semés dans les différentes parties du corps, qu'on appelle *glandes*. Ces grains glandueux composent la plus grande partie de la subftance de certains viscères, tels que le foie, la rate, les reins, &c. C'eft là que les humeurs, deftinées aux divers ufages de l'économie animale, s'élaborent; elles font la falive, la bile, & les autres fucs qui fervent à la digeftion des alimens, celle qui doit propager l'efpèce, la lymphe, qu'un fyftème particulier de vaiffeaux ramène au réfervoir du chyle, pour imprimer, fans doute, à ce réfultat de la digeftion des alimens, un caractère d'animalité qui le fasse admettre sans trouble dans les grandes routes de la circulation du sang. Dans les glandes se séparent aussi des humeurs qui doivent être expulsées du corps, telles que l'urine & l'humeur de la transpiration; mais c'est aussi dans ces organes que se trouve une quantité relative de nerfs très-considérable. Il paroît que les nerfs sont les instrumens actifs de ce travail des glandes, que les affections de l'ame font languir, & dérangent si souvent.

Les rapports que les nerfs ont avec les organes du mouvement, sont beaucoup plus apparens que ceux qu'ils ont avec les organes des sécrétions, soit parce que celles sont une de ces fonctions intérieures de l'animal dont nous n'avons point la conscience, tandis que la plupart des mouvemens musculaires sont dépendans de la volonté; soit parce que ces mouvemens se terminent à des effets sensibles, tels que sont nos actions extérieures, ils entrent dans la classe des objets qui affectent en nous le principe de connoissance. La nature est capable de produire & produit en effet du mouvement dans toute partie vivante : car l'idée de la vie ne peut même se séparer de l'idée du mouvement; mais ce mouvement est insensible dans un grand nombre de nos organes. Il est tel dans toutes les parties des corps organisés qui, comme les végétaux, n'ont point de mouvement progressif, & sont constamment fixés au même lieu.

Quant aux animaux faits pour se transporter d'un lieu à un autre, & dont certaines parties doivent produire des actions très-marquées, il leur a fallu des organes d'une structure particulière, & propre à ces effets. Ces organes sont les muscles. Ce sont des faisceaux de fibres dans lesquels on remarque une partie blanche & ferme, qui est ce qu'on appelle le tendon du muscle, & une autre partie moins dense, & d'une couleur rouge, qu'on nomme proprement la partie charnue. La première constitue l'extrémité par laquelle le muscle s'attache aux

& elle est absolument passive. L'autre en est la partie moyenne; & c'est la partie vraiment active du muscle, celle qui, par le raccourcissement de ses fibres, attire le corps ou le levier auquel son extrémité tendineuse est attachée. La structure intime de ces fibres est, sans doute, plus favorable aux grands mouvemens que les fibres de tout autre genre. Elle nous est inconnue, mais les muscles ont tant de rapport avec les nerfs, que plusieurs médecins ont regardé les fibres musculaires comme des nerfs modifiés d'une manière particulière, & M. Cullen ne fait pas difficulté de donner aux muscles le nom d'extrémités mouvantes des nerfs.

Les extrémités des nerfs, soit mouvantes, soit sentantes, vont se perdre, ainsi que les vaisseaux, dans ce tissu cotonneux, qui sert de fondement à toutes les parties du corps. On l'appelle *cellulaire*, parce qu'il est composé de petites cellules qui communiquant entr'elles, laissent flotter en tout sens, & se transporter d'un lieu à un autre les humeurs que les ramifications collatérales des vaisseaux y versent, & que son caractère spongieux lui permet d'absorber: ce qui rend ce tissu le siége ordinaire de ces dépôts critiques, résultats plus ou moins vicieux des maladies. Borden, qui en a si bien décrit les différentes expansions, lui donne le nom de tissu muqueux,

parce

parce qu'en effet, il reſſemble à une ſubſtance muqueuſe & gélatineuſe plus ou moins organiſée. Il paroît offrir le premier degré du changement des humeurs en parties ſolides, interpoſé non-ſeulement entre les différens organes, mais encore entre les fibres dont ils ſont compoſés, il leur ſert de lien & de moyen de communication, il les nourrit & les fortifie, & c'eſt de lui que dépendent les modifications accidentelles, connues ſous les noms de maigreur & d'embonpoint.

Ce tiſſu eſt la matière des membranes qui tapiſſent les différentes cavités du corps, de celles qui enveloppent les viſcères, ainſi que de celles qui, roulées ſur elles-mêmes, forment les vaisseaux sanguins & certains conduits, tels que ceux de la bile, des sucs digestifs, &c.; il fournit la plus grande partie de la substance même des nerfs; enfin la peau peut être considérée comme une production du tissu cellulaire plus ou moins développé; il met non-seulement beaucoup de différence dans la forme & l'habitude extérieure de individus, mais il constitue encor un des caractères essentiels & généraux qui distinguent les deux sexes. Cette espèce d'organe universel, auquel on refuse la sensibilité, est d moins animé d'un mouvement t nique, qui le dilatant ou le resserant dans les impressions du chau & du froid, & sur-tout dans

DE L'HOMME.

autres fonctions de l'ame, prouve
que chaque substance a aussi sa manière
de sentir particulière.

En faisant l'exposition du cerveau
& des nerfs dans l'homme & dans
les animaux qui ont un centre de
sensibilité, on se trouve faire celle
de toutes les autres parties, qui
sont intimement unies avec eux. En
effet, le cerveau & les nerfs tenant
à tous les organes, & leur communiquant l'action & le sentiment, ils
peuvent être considérés comme un
tronc dont les bras étendus au
loin vont faire mouvoir & mettre
en jeu diverses machines nécessaires
à sa conservation. Les unes sont
destinées à broyer, à dissoudre les
aliments, pour être transformés en

I ij

une nouvelle substance; les autres transportent le résultat de cette première élaboration dans la masse commune des humeurs; des vaisseaux mobiles s'en emparent, & les font rouler vers des viscères, où elles subissent encore divers degrés de dépuration; ils les font sur-tout passer à travers la substance de ce organe important, où elles s'imprègnent des qualités vivifiantes de l'air. Ici, elles deviennent propres réparer les ressorts qui les mettent en œuvre, affoiblis par leur action même, & à maintenir l'existence de l'individu; là, elles reçoivent les attributs convenables pour perpétuer celle de l'espèce. Certaines digitations de ce polype sont favrablement disposées pour lui faire appercevoir les objets extérieurs sous leurs différens rapports avec nos sens. D'autres expansions, ainsi que des machines puissantes, soumises à son impulsion, le transportent vers ces objets, ou l'en éloignent, selon ce qu'il a à espérer ou à craindre de leur rencontre, les saisissent ou les repoussent par la force.

Tous ces instrumens divers tirent du cerveau, & de ses dépendances, l'activité par laquelle ils se remontent, & résistent à la dissolution à laquelle ils tendent sans cesse par leur nature (*), ainsi qu'à l'action d'une

---

(*) Les principes chymiques qui composent la substance animale, assemblés & combinés

multitude de causes extérieures, qui
les menacent continuellement; de

par les puissances de la vie, n'ont entr'eux
qu'une légère adhérence. Quelques-uns de
ces principes, tels que les parties aqueuses
& les parties huileuses, ne sont pas même
faits pour être unis ; ils ne tiennent l'un à
l'autre que par le moyen des matières salines
& terrestres qui leur servent d'intermède.
C'est de leur combinaison que résulte ce
alliage fragile dont nos organes sont formés.
Ces principes n'étant retenus ensemble que
par un si foible lien, ils tendent sans cesse
à se séparer, pour se précipiter vers de
nouvelles combinaisons ; mais la putréfaction
toujours prête à s'emparer des substances
animales, en est écartée par l'action vitale
& ce n'est que lorsque celle-ci est affoiblie
ou éteinte par quelque cause délétère, que
l'organisation s'altère & se détruit.

forte que la durée des corps vivans, au milieu de tant de chocs, de fecouffes & d'agens deftructeurs, n'eft pas un des moindres phénomènes qu'ils préfentent.

Le corps humain n'eft pas feulement compofé d'organes folides, il entre encore dans fa conftitution plufieurs fluides de différente nature, néceffaires à fon développement & à la durée de fon exiftence ; tels font les fucs digeftifs qui fortent de la maffe du fang, pour y rentrer du moins en partie, après avoir fervi à la préparation du chyle, qui doit renouveler toutes les autres humeurs : telles font la lymphe, qui entretient, développe & répare nos organes, la liqueur féminale, deftinée à perpétuer l'espèce, les sucs gras, qui facilitent le jeu & le mouvement des parties, enfin les humeurs excrémentitielles, qui les corromproient, si la nature ne prenoit un soin continuel de les éloigner par les voies de la transpiration & par d'autres émonctoires.

La source commune de toutes ces différentes humeurs est le sang qui, dans le cours de sa circulation, les verse dans leurs organes sécrétoires respectifs. Elles y reçoivent, sans doute, par l'action vitale que la nature exerce dans ces organes, de nouvelles modifications, & des qualités si particulières, qu'elles rendent ces fluides étrangers à la masse même du sang dont ils émanent; car si quelques-uns d'entr'eux, tels que la bile, le lait, &c., y sont reportés par quelque mouvement irrégulier, & y deviennent un principe de maladie.

La masse du sang ne doit pas être considérée simplement comme un réservoir passif des sucs nourriciers, elle semble encore être une partie nécessaire d'un tout qui ne peut subsister que par son ensemble & par l'harmonie de ses parties constitutives. Si on lie les artères qui se distribuent à une partie du corps, les nerfs de cette partie perdent aussitôt la faculté de sentir. Dans ce cas, les rapports sympathiques qui unissent ces deux ordres d'organes, & qui assurent l'exercice de leurs fonctions, sont intervertis. La prompte défaillance qui suit une évacuation considérable de sang, manifeste un défaut d'équilibre entre les parties, qui porte le trouble dans tout l'économie animale, & déconcerte toutes les puissances de la vie. On ne sauroit attribuer avec fondement cet effet à la privation instantanée des sucs réparateurs que les parties souffrent. Il est bien plus vraisemblable que le sang exerce à leur égard une forte d'antagonisme qui les soutient, & leur rend la présence de ce fluide nécessaire. Elle semble être moins essentielle dans certains animaux, tels que les grenouilles, qui peuvent perdre tout leur sang sans perdre la vie, tant il y a de variété dans la manière dont le principe vital est affecté selon les différens ordres d'êtres.

Le sang est encore un moyen de réaction que la nature oppose aux causes qui la blessent. Lorsqu'une partie est stimulée par quelque corps, aussitôt un torrent de sang ou d'humeurs qui en dérivent, est dirigé contre ce corps, comme pour le repousser & l'entraîner loin de l'organe que sa présence irrite.

On s'est attaché de toutes les manières, depuis quelque temps, à connoître la composition matérielle du sang. La voie d'examen la plus simple, & peut-être la plus sûre, est la séparation spontanée de ses parties constitutives. Le sang paroît, au premier aspect, un fluide homogène; abandonné à lui-même, lorsqu'il a été tiré d'un vaisseau, il prend par le froid & le repos, une consistance solide & uniforme; mais il se divise bientôt en plusieurs substances distinctes. Les plus remarquables sont une partie solide, rouge, qu'on appelle le *caillot*, & une sérosité jaunâtre, qui reste fluide, & dans laquelle la partie solide surnage. Celle-ci n'est presque qu'une substance glutineuse qui devient blanche lorsque, par des lavages réitérés, on en sépare la partie rouge. Ce *gluten*, que quelques-uns ont appelé la partie fibreuse du sang, est quelquefois si apparent, comme dans le sang des pleurétiques, qu'il forme une espèce de membrane qui en recouvre la surface, membrane qu'on peut faire artificiellement en battant le sang avant de être figé, avec une petite branche à la manière de Ruisch, ou en agitant dans une bouteille, comme a fait plus facilement Dehaen.

La sérosité du sang ne contient pas sensiblement de matière glutineuse, mais elle se coagule comme le blanc d'œuf, à une chaleur beaucoup moindre que celle de l'eau bouillante.

Le sang présente aussi, lorsqu'il est mêlé à l'eau, une substance gélatineuse, qui ne se coagule point par la chaleur, & qui répond à la partie muqueuse des végétaux, dont elle manifeste le caractère, en ce que [la] fermentation passe sensiblement pa[r] l'acide avant d'arriver à la putréfac[-]faction ; au lieu que la partie coa[-]gulable se putréfie, selon Bucquet, sans donner des marques d'acidité[.] Cette partie gélatineuse ou muqueu[se] du sang est celle que les alcali[s] teignent en rouge dans le lait. Cett[e] expérience connue de Boerrhaave sur le lait, a été la source de l'i[l-]lusion qui a fait croire à quelque[s] chymistes qu'ils parviendroient à fai[re] du sang, comme si l'essence de [ce] fluide consistoit à n'avoir qu'une cou[-]leur rouge. La partie muqueuse d[u] sang se trouve dans le caillot [&] dans la sérosité. Les divers degrés [de] fermentation, dont ces diverses su[b-] tances sont susceptibles, ainsi que leurs autres propriétés, font voir qu'elles ne sont pas toutes également animalisées. Celles qui ont été nouvellement fournies par le chyle, & qui en sont le résultat le plus voisin, doivent encore se ressentir de ses qualités, & n'avoir pas encore, au suprême degré, ce caractère d'animalité qu'ont celles qui ont long-temps circulé dans les vaisseaux. Il doit y en avoir qui, ayant été détériorées par le mouvement, comme dans les animaux qui ont long-temps supporté la faim, sont plus ou moins altérées, & prêtes à échapper à l'influence conservatrice du principe vital.

L'alcali libre que Rouelle a trouvé dans le sang, est peut-être le résultat de cette détérioration ; car on peut mettre au nombre des principes évidens contenus dans ce fluide, cet alcali libre, qui, diffous dans la féro-sité, se manifeste au goût par une saveur falée. Rouelle a démontré que c'étoit l'alcali marin, étant parvenu à en faire du sel de glauber, en le combinant avec l'acide vitriolique.

Il est une partie du sang qui est encore inconnue, c'est cette matière halitueuse, senfible à l'odorat, qui s'en exhale lorsque le sang est récemment tiré d'un vaisseau, & dont l'évaporation lui fait perdre une partie de son poids.

Un principe constitutif du sang, plus apparent, sans que sa nature en soit plus connue, c'est celui qui le colore rouge. M. Menghini (*) croit que cette couleur dépend des parties ferrugineuses contenues dans le sang. Cette opinion est très-incertaine, quoiqu'on l'appuie sur des inductions tirées des effets salutaires du fer dans les pâles couleurs. Ces effets sont plus vraisemblablement la suite d'une augmentation de ton, que le fer produit dans les fibres de l'estomac, & que cet organe communique à tous les autres, en vertu de la relation sympatique qui est entr'eux. Le fer donne, sans doute, de la fermeté à la fibre animale, comme à celle des végétaux, dans lesquels cette substance métal-

_____

(*) Mémoires de l'Institut de Boulogne, tome II.

lique se trouve : mais la cou[leur]
rouge, ainsi que les autres propri[é]-
tés du sang, tient à l'intensité [des]
forces vitales. Le sang pâle & déc[o]-
loré d'une personne flegmatique [&]
valétudinaire, s'avive & prend de [la]
couleur, à mesure qu'elle se forti[fie]
avec, ou sans l'intervention du [fer.]
La seule action vitale développe d[ans]
le poulet la couleur rouge du san[g]
qui n'existe point avant l'incubatio[n.]

Le principe matériel de ce[tte]
couleur, est peut-être celui q[ui]
selon Meyer, donne de la causti[cité]
aux alcalis, que ceux-ci transmette[nt]
au lait dans l'expérience citée [par]
Boherhaave, & que les acides lui e[n-]
lèvent. Ce principe est celui qui [co-]
lore les fleurs, sur-tout la pouss[ière]

...eurs étamines & le jaune de l'œuf ;
...t, en un mot, la matière de la
...ière & du feu que M. Opoix re-
...le, avec vraisemblance, comme le
...cipe de toutes les couleurs. Il s'in-
...ore avec toutes les substances, &
...umule, sur-tout, dans les corps
...nifés, sous la forme d'huile ou
...raisse, pour des usages relatifs à
... genre d'existence. On croit, en
..., que la partie du sang qui con-
...le plus de phlogistique, est la
...e rouge; & si le fer contenu dans
...ang se trouve principalement uni
...artie colorante, c'est, sans doute,
...ertu de la grande affinité du
...cipe inflammable, avec cette subs-
...e, métallique.

... médecine n'a pas tiré un grand

avantage des recherches des chymi[stes]
fur le fang; foit parce que ce flui[de]
déjà dénaturé, lorfque la chymie s'[en]
empare, fe dénature encore plus d[ans]
les opérations auxquelles elle le fo[u]met; foit par ce que la manière dont [le]
chymifte confidère le fang, n'a pref[que]
aucun rapport direct avec les notic[es]
qui doivent guider le médecin. [Le]
premier fait voir que le fang co[n]tient de l'eau, de l'huile, différe[ns]
fels, du fer, &c.; mais la proporti[on]
dans laquelle ces principes doive[nt]
être, nous eft inconnue; & quand mê[me]
on la connoîtroit, on n'a aucun moy[en]
direct de la rétablir, lorfqu'elle fe d[é]range. La compofition du fang eft l'o[u]vrage du principe vital, dont les feul[es]
affections font l'objet de la médeci[ne].

Les observations microscopiques [des] physiciens n'ont pas été moins [u]tiles. Indépendamment de l'illu[sio]n à laquelle elles sont sujettes [par] leur nature, comme elles n'ont [guè]res de rapport qu'à la fluidité du [san]g, elles nous laissent dans une [par]faite ignorance sur les autres attri[bu]ts de ce fluide. Leuwenoeck crut [v]oir des globules de différens ordres [de] grandeur. Selon ce physicien, [les] globules rouges, qui sont [les] plus gros, sont composés de [six] globules jaunes ou blancs plus [pet]its, qui forment la lymphe; ils [se] séparent facilement, s'alongent, [dev]iennent ovales, pour s'adapter au [cali]bre étroit des petits vaisseaux, &

reprennent ensuite leur forme sphérique; chaque globule de la lym[phe]
contient, à son tour, six autres g[lo]-
bules d'un troisième ordre, qui co[ns]-
titue le chyle & le lait, & cha[cun]
de ces derniers peut se diviser en
globules d'un quatrième ordre. Il [est]
probable que la fluidité des co[rps]
tient à la figure sphérique de le[urs]
parties intégrantes, qui, ne
touchant que par un point, tir[ent]
de cette disposition méchanique,[la]
mobilité qui fait l'essence des fluid[es].
Ces parties, qu'on ne peut app[er]-
cevoir dans les fluides limpides [&]
transparens, ne deviennent sensib[les]
que lorsqu'elles sont colorées, com[me]
dans le sang & dans le vin; car [on]
en voit aussi dans cette derni[ère]

queur. Il est d'autant plus vraisemblable, que les globules du sang
ont de rapport qu'à son état de
fluidité, que ceux qu'on voit dans
le sang de différens animaux, ont
exactement la même forme & le même
diamètre. Cependant, il n'est pas
douteux que ce fluide ne diffère beaucoup, selon les espèces & les individus, par des qualités qui échappent à nos sens.

Dans des lettres attribuées à M. le
Professeur Rosa, médecin de Modène,
on prétend que le sang est la plus
petite partie du fluide qui coule dans
les artères, & qu'elles sont remplies
d'une vapeur élastique, animale,
fournie par l'air que l'animal respire,
& mêlée avec une très-petite partie

de sang véritable. L'auteur fonde so[n]
opinion sur l'expérience suivante :
on lie le tronc & les ramification[s]
d'une artère, & qu'après avoir sép[aré]
la partie comprise entre ces ligature[s]
on la mette sous le récipient de [la]
machine pneumatique, elle se dilat[e]
considérablement. Il est difficile d'a[d]
mettre les conséquences trop étendu[es]
que l'auteur de ces lettres tire [de]
cette expérience, & dont il se s[ert]
pour expliquer la plupart des phén[o]
mènes de la vie. Il semble que to[ut]
ce qu'on en peut conclure, c'est q[ue]
le sang contient une grande quanti[té]
d'air; ce que Hales avoit déjà démo[n]
tré, en faisant voir que le volu[me]
de cet air égale trente-trois fois ce[lui]
du sang. Mais ce fluide a cela [de]
comm[un]

commun, même avec les corps les plus solides. L'idée de la solidité est en général celle qui nous est la plus familière; elle plaît à notre ame, parce qu'elle nous fait concevoir celle de la durée. Néanmoins, dans le fond, les corps les plus durs, ceux qui résistent le plus à leur destruction, ne sont que des simulacres passagers, des modifications accidentelles, que le temps fait évanouir. Ces corps peuvent, même dans un instant, se réduire en une vapeur légère, si on les livre aux agens énergiques, qui sont en notre disposition, tels que le feu & les acides minéraux.

Ces diverses considérations physiques sur le sang, n'ont point contribué aux progrès de la médecine.

K

Elle se sert encore plus utilement [de] la doctrine ancienne des tempéramen[s]. M. Piquer a beau dire que les di[f]férentes dispositions du sang, dont [il] les fait dépendre, ne sont que d[es] intempéries; qu'importe, si ces i[n]tempéries constituent un état perm[a]nent? On n'entend, en effet, par [ce] mot *tempérament*, qu'une maniè[re] d'être constante & habituelle, q[ui] modifie toutes nos affections, & le[ur] donne un caractère particulier.

Selon Stahl, elle tient à la co[ns]titution intime, non-seulement d[es] fluides, mais encore des solides, [et] peut-être d'une certaine disp[o]sition naturelle ou acquise, du pri[n]cipe actif qui anime les uns & [les] autres. Il a exposé, d'une maniè[re] très-ingénieuse, les divers effets qui peuvent résulter de certains rapports entre la consistance des humeurs & la texture des solides, ou le calibre des vaisseaux dans lesquels elles circulent. Le tempérament sanguin est caractérisé par des solides d'un tissu spongieux, & par un sang riche & délié qui peut y circuler librement. On reconnoît ce tempérament à des membres charnus, à un visage plein, & à un teint fleuri. Si avec la même constitution des solides, le sang, au lieu de molécules actives & rouges, contient une trop grande quantité relative de principes aqueux & froids, il en résulte un tempérament flegmatique, qu'un ton de chair lâche & une couleur pâle rendent toujours sensible. Le caractère moral, affecté à chaque tempérament, dérive de la facilité plus ou moins grande avec laquelle les humeurs coulent dans leurs vaisseaux, & par conséquent, de la régularité plus ou moins grande avec laquelle les fonctions vitales s'exécutent. Si elles se font avec aisance, l'ame en conçoit un sentiment de sécurité qui se marque dans toutes les actions morales de l'individu. Aussi ceux qui sont doués du tempérament sanguin, qui est celui où les fonctions s'exécutent avec le plus de facilité, sont-ils en général d'un caractère gai, franc & décidé.

Au contraire, l'exercice difficile & pénible de ces fonctions, comme il l'est dans le tempérament flegma-

…ique, réduit à un état d'indolence, qu'on porte dans la conduite ordinaire de la vie. Un homme flegmatique est presque indifférent pour tout, parce qu'il sent qu'avec des organes sans consistance il ne peut presque rien; car les parties aqueuses qui les humectent continuellement, leur ôtent le ressort & la force nécessaire aux grands mouvemens.

La méfiance & la timidité caractérisent le tempérament mélancolique, parce que, quoique les vaisseaux, qui forment le tissu des solides, dans ce tempérament, soient amples & d'un calibre spacieux, la nature craint toujours que les humeurs, qui y sont excessivement épaisses & lentes, ne perdent leur aptitude à circuler, & ne subissent tôt ou tard une stagnation funeste; ce qui demande de sa part une sollicitude continuelle, qui déborde sur les actes extérieurs de l'individu. On reconnoît ce tempérament à une teinte rembrunie, & à une maigreur occasionnée par le resserrement des solides, & sur-tout, par l'anéantissement ou le rapprochement excessif des lames du tissu cellulaire.

La texture des solides propre au tempérament bilieux, est compacte & serrée, comme dans le tempérament mélancolique, avec cette différence que le calibre des vaisseaux y est moins grand. Mais le sang y étant très-fluide & très-mobile par la grande quantité de matière phlogistique ou

DE L'HOMME. 175

... qu'il contient, y circule
... & toutes les autres fonc-
... cutent avec une promptitude
... sonnes qui ont ce tempéra-
... mettent dans toutes leurs actions:
... est la qualité distinctive de
... tempérament. Quoique ceux aux-
... il est propre soient maigres, la
... de leur visage est cependant
... & vive.

... théorie a l'avantage d'être
... sur des rapports sensibles, &
... observation générale, que
... chans, nos mœurs & nos
... sont subordonnés, jusqu'à un
... point, à la disposition phy-
... de nos organes. En effet, qui
... apperçu combien ces mo-
... passagères que les élé-

mens, les saisons font éprouver notre corps, altèrent l'état actuel de notre ame? Quel est le mortel assez heureux pour n'avoir jamais senti l'influence qu'une digestion facile ou laborieuse a sur la partie morale de son être ; dont l'esprit fait conserver sa sérénité au milieu d'une atmosphère chargée de vapeurs; qui peut exister isolé, détaché du monde sensible & rester toujours inaccessible aux orages qui agitent la frêle machine?

On doit sentir que les quatre tempéramens qu'on vient de décrire peuvent se nuancer & se combiner d'une manière infiniment variée. Les diverses circonstances où les hommes se trouvent placés, telles que l'exer-

...e des différens arts, les divers genres
... vie, les habitudes, les maladies,
...uvent non-seulement altérer la
...me primitive de ces tempéramens,
...is encore introduire dans beaucoup
...ndividus des dispositions extraor-
...naires & singulières qui modifient
...ır caractère naturel. Une indiges-
...ın a quelquefois donné pour tou-
...ırs une antipathie invincible pour
...ıl aliment qu'on prenoit auparavant
...ec délices. Les faits de ce genre
...ınt des objets d'observations parti-
...lières, ils ne doivent entrer dans
... plan de cet ouvrage.

Mais une des impressions les
...ıs générales & les plus pro-
...ndes que les hommes éprouvent,
...ft celle qui leur vient du sol &

du climat, auxquels la nature les [a]
attachés. Cette cause toujours présente & toujours active, les empreint
ainsi que les plantes, de caractè[res]
ineffaçables. Un Chinois diffère auta[nt]
d'un Européen, que les végétaux d'E[u]-
rope diffèrent de ceux de la Chine. [La]
plupart des plantes de l'Amérique on[t]
comme ses habitans naturels, d[es]
formes, un port, & une physion[o]-
mie qui leur sont propres. Par le m[ot]
climat, on ne doit pas entendre ic[i]
comme en géographie, la simple l[a]-
titude d'un pays, mais encore sa p[o]-
sition, relativement aux vents & [à]
l'aspect du soleil, ainsi que les qu[a]-
lités du sol. Car, sous la même la[ti]-
tude, la température de l'air & [les]
autres causes naturelles, qui mo[difient]

…ent les êtres vivans, peuvent varier beaucoup. Cette variété est sur-tout sensible dans les pays dont le sol est inégal, tels que les chaînes des montagnes. J'ai été dans le cas de l'observer dans celle des Pyrénées. Rien n'est plus curieux que de voir combien ses habitans, même ceux qui ne sont qu'à la distance d'une lieue les uns des autres, diffèrent entr'eux, non-seulement par des nuances légères, mais par des traits marqués & caractéristiques. Les uns sont actifs, agiles & ont la taille élevée; les autres, sont plus petits, ou avec la même taille, ont moins de vigueur & d'énergie; ici, ils ont de la fraîcheur & le teint fleuri; là, c'est une peau terreuse

& décolorée. Ils different auſſi p[ar] les mœurs, l'accent de la voix [&] le langage; & il n'y a peut-être p[as] deux villages qui aient exactement [le] même idiome. L'uniformité de la Ta[r]tarie, qui eſt une eſpèce de Mo[n]tagne plate, produit des effets moi[ns] variés, & donne aux différens peupl[es] qui occupent une ſi vaſte étendue [de] pays, des rapports de traits & d[e] mœurs qui ont frappé tous les voy[a]geurs.

Perſonne n'a mieux obſervé qu'Hi[p]pocrate l'influence que le climat [&] les ſaiſons ont ſur la conſtitutio[n] phyſique & morale de l'homme, [&] le paſſage de ſon Traité *de aëre, aqui[s]* *& locis*, où il expoſe les effet[s] de cette influence ſur les différen[s] peuple[s] peuples de l'Europe, de l'Asie, & de l'Afrique, n'est point un de ces textes vagues qui se prêtent à toutes les interprétations, & dont, par conséquent, on puisse abuser. Il trouve, dans la température & la position des pays qu'ils habitent, la cause de la différence de leurs mœurs & de leurs gouvernemens; il fait voir qu'une température presque toujours égale donne aux Asiatiques un caractère de stabilité, qui se retrouve dans toutes leurs institutions; tandis que les Européens, au contraire, semblent participer à l'agitation d'une atmosphère qui varie sans cesse, & dont les brusques & fréquentes altérations entretiennent dans les esprits une inquié-

Tome I. L

rude qui développe leurs facultés naturelles. Hippocrate montre l'esclavage chez les uns, & la liberté chez les autres, comme les fruits naturels des climats qu'ils habitent : à la mollesse des Asiatiques, que la douceur du climat rend peu propres à la guerre, & retient dans les chaînes du despotisme, il oppose l'état libre, & le caractère belliqueux des Sarmates, peuple d'Europe, qui habitoit une région plus froide. « Les femmes, *dit-il*, chez
» ce peuple, vont à la guerre, montent à cheval & tirent de l'arc; elles
» n'ont le droit de se marier qu'après avoir terrassé trois ennemis. » C'est ainsi que chez les anciens habitans des Isles Baléares, les enfans n'ob-

tenoient leur déjeûné qu'après l'avoir fait tomber d'un lieu élevé, à coups de fronde. Ce qui prouve que ce grand apperçu d'Hippocrate fur les peuples anciens eft une de ces vérités puifées dans le fein de la nature, qui eft toujours la même, & immuables comme elle, c'eft que les nations qui habitent aujourd'hui les pays qu'il décrit, nous offrent encore les traits de leurs anciens habitans, plus ou moins altérés par des caufes accidentelles. La permanence des ufages eft ce qui caractérife encore les Afiatiques. Les Perfans modernes ont prefque la même manière de vivre que les Perfans du temps de Cyrus; la vie paifible, fimple & uniforme des Arabes du défert ramène notre imagination charmée sur ces temps antiques, embellis des vertus des patriarches ; tandis que les Européens, nos contemporains, en butte à la légéreté de leurs mœurs & à la mobilité de leurs goûts, lui offrent l'image terrible de toutes les passions en mouvement.

On a reproché à Montesquieu de n'avoir pas cité Charron, qui dans son livre de la Sagesse, parle de l'influence des climats d'une manière assez détaillée. Ce reproche est d'autant moins fondé, que cette idée n'appartient point à ce dernier, & que lui-même n'a pas indiqué la source où il l'a puisée. Le germe de toutes les vérités philosophiques, présentées par les modernes, sur les effets du climat, se trouve dans les anciens. Mais les médecins peuvent revendiquer ce système avec d'autant plus de raison, qu'Aristote n'en a parlé qu'après Hippocrate. Il se trouve assez développé dans Galien, & encore plus dans *l'Examen des Esprits*, ouvrage du médecin Huarte (*). Mon-

(*) Selon cet auteur, & l'opinion commune, les peuples du Nord ne brillent point par l'éclat d'une imagination vive & féconde. L'un & l'autre sont contredits par un écrivain aussi célèbre par son génie que par ses vertus, qui pense que la perfection de l'homme est le résultat de la seule éducation. Mais le principal défaut de cet écrivain est d'ériger toujours en principes des faits particuliers. De ce que le Nord a produit une fois un homme d'une grande imagination, il ne s'ensuit pas que ce pays soit naturellement aussi fertile en pareils

tesquieu lui a donné peut-être trop d'étendue, & l'a appliqué à des cas

hommes que les pays du midi. Qui oseroit avancer que le sol de la Provence n'a pas des qualités plus productives que la Laponie, parce qu'on auroit, dans celle-ci, fait venir, par des moyens artificiels, des fruits qui sont propres à l'autre? Il n'est pas douteux que les fruits du génie, dans certains climats, n'aient besoin, comme les orangers, de fourneaux & de serres, c'est-à-dire, d'efforts qui sont moins nécessaires dans des climats plus heureux. M. Volney, dans son voyage en Syrie & en Egypte, rapporte que dans cette dernière région, les melons de Malte dégénèrent en peu de temps, & que les Mammeloucks, nés au pied du Caucase ne peuvent point s'y propager. Malgré cette observation, la plus forte, peut-être, qui ait été faite en faveur du système des climats, M. Volney, cependant, nie leur influence

auxquels il ne s'applique point; mais d'autres écrivains ont encore plus de tort, en lui conteſtant la vérité de ce ſyſtème, qui eſt inconteſtable. On lui a objecté que des peuples, que le climat ſembloit appeler à la liberté, ſont dans l'eſclavage politique, comme s'il avoit prétendu que le climat ſeul détermine la nature des gouvernemens; & de ce que l'influence du climat n'a pas toujours ſon effet, on a conclu qu'il n'influe jamais. Les médecins, plus inſtruits des loix de l'organiſation, ſeront toujours convaincus qu'il y a des peuples qui, par la nature du climat qu'ils ha-

———

ſur l'homme; en cela, il reſſemble à ceux qui nioient le mouvement, en ſe promenant

bitent, par la manière dont la lumière agit fur eux, par la nature des alimens dont ils fe nourriffent, & par une multitude d'autres caufes locales, font plus ou moins difpofés à un tempérament qu'à un autre; que, par conféquent, ils doivent être plus ou moins actifs, plus ou moins courageux; avoir des paffions & des befoins que d'autres n'ont pas; & comme le légiflateur a toujours égard à ces diverfes difpofitions, avoir une légiflation relative aux circonftances phyfiques dont ils dépendent.

On peut préfumer que les caufes phyfiques qui modifient fi puiffamment les corps organifés, dans les divers climats, ont une action di-

…ette sur le sang & sur les humeurs, & par leur moyen, sur le principe d'activité qui meut nos organes. Mais comme la constitution du sang & des humeurs paroît absolument soumise à l'empire de ce principe, c'est sans doute par les impressions qu'il reçoit lui-même directement, & qu'il leur transmet, que leur état est principalement modifié.

La persuasion où l'on est que c'est des parties solides que l'être sensitif tire son caractère, & que le principe d'activité qui donne le mouvement aux corps organisés, réside dans ces seules parties, fait regarder communément les humeurs comme absolument passives & mortes. Il est vrai qu'il est aisé de concevoir dans un fluide un mouvement inteſtin qui change la diſpoſition relative de ſes parties conſtituantes, & par l'effet duquel certaines particules ſe portent d'un endroit de ce fluide dans un autre; mais notre eſprit ſe refuſe à l'idée d'un mouvement progreſſif ſpontané dans la totalité de ce fluide. Ce dernier mouvement ne peut avoir lieu qu'à l'aide de certains points d'appui alternatifs, & l'uſage de ces points-d'appui ſuppoſe, dans les parties du corps qui ſe meut une continuité que les parties des fluides n'ont point ; car ſi elles l'avoient, elles ne ſeroient plus fluides : elles perdent leur être ſpécifique, lorſque quelque cauſe accidentelle les rapproche, & établit entr'elles quelque adhérence, telle que celle que le froid produit entre les parties de l'eau, ou celle que le simple contact de l'air opère entre les parties du sang extravasé.

Il est incontestable que les fluides, pour parcourir les différentes régions d'un corps organisé, ont besoin des secousses successives des parties solides, & que celles-ci sont les vrais instruments actifs de la circulation générale des humeurs; mais seroit-ce une raison concluante pour refuser aux fluides tout degré de vitalité, & les supposer entièrement dénués de forces actives? Ils doivent devenir solides, en s'assimilant aux différens organes, on peut concevoir par conséquent qu'ils n'ont pas toujours une égale disposition à s'animaliser; qu'il est des temps ou les humeurs sont plus vitales, plus organiques, que dans d'autres; que celles du vieillard ne doivent pas l'être au même degré que celles de l'adulte & de l'enfant, & que du sentiment intime que la nature a, sans doute, de ces différens états des humeurs, il doit résulter diverses modifications dans la manière d'être, soit physique, soit morale, de chaque individu.

Les expériences & les observations des médecins & des physiciens de ce siècle, autorisent à admettre dans les humeurs des principes & des rapports de vitalité, qui les rendent susceptibles des affections propres aux corps organisés. Selon M. l'Abbé Fontana (*), lorsque certaines substances vénéneuses viennent à toucher le sang d'une manière immédiate, & sans affecter aucun nerf, aucune partie solide, l'animal éprouve une douleur extrême, le sang change de couleur & de consistance, & forme des concrétions dans les différens vaisseaux. Ce fait ne sauroit rentrer dans la classe des phénomènes physiques ou chymiques. Dans ce cas, il faut nécessairement que le principe de la vie soit affecté d'une manière sympathique par l'al-

(*) Traité sur les Poisons & les Corps animés, t. I, p. 166.

tération survenue dans le sang ; car il n'entre en général dans la structure des vaisseaux, ni fibres nerveuses, ni fibres musculaires, par lesquelles ce fluide puisse transmettre ses impressions au principe sentant. Le sang paroît même soumis à l'empire de l'habitude, qui n'a de l'action que sur les êtres sensibles ou organisés ; il paroît avoir, comme eux, la faculté de répéter les mouvemens qui lui ont été une fois imprimés. Une expérience d'un Médecin italien, rapportée dans le Journal de Médecine, tend à le prouver : ce Médecin ayant appliqué à l'artère crurale d'un veau un intestin de poulet, & l'ayant séparé de l'artère après l'avoir rempli de sang, ce fluide continua pendant quelque temps, dans ce vaisseau étranger, les oscillations régulières qu'il exécutoit dans ses vaisseaux naturels.

Le phénomène que présente un pareil mouvement du sang, paroît d'abord incompatible en général avec la nature des fluides, dont les parties constitutives sont suppo-sées n'avoir aucun degré de cohésion entr'elles; mais en examinant par-ticulièrement le sang, il est aisé de voir que les parties qui le constituent ne doivent point être considérées comme absolument iso-lées, & telles que sont celles des fluides ordinaires; que des rapports dans lesquels se trouvent la subs-tance membraneuse, la partie coagulable, la partie muqueuse, l'eau & les autres principes qui le composent, il résulte un mixte d'une consistance qui, en variant au gré des impulsions du principe vital, & de la chaleur qui l'anime, le rapproche tantôt de la nature des véritables fluides, & tantôt l'assimile aux corps solides. Le sang hors de ses vaisseaux est dans ce dernier cas. On pourroit comparer le sang aux parties de certains végétaux, qui ne sont en apparence qu'une simple gelée, capable d'exécuter des mouvemens spontanés, & des actions semblables à celles des animaux (*). Cet état du sang le

___

(*) Le Valisneria est dans ce cas, ses

approche de la nature des organes solides, & le rend peut-être, jusqu'à certain point, irritable comme eux. Le célèbre Bordeu lui donne le nom de *chair coulante* (*), & c'est l'expression la plus propre à caractériser un fluide que quelques degrés ultérieurs de coalition, déterminés & dirigés par les puissances vitales, vont bientôt transformer en organes solides.

Quoique le sang soit la source commune de toute la matière nu-

[...] leurs ne sont qu'une gelée épanouie & dorée de diverses couleurs, qui s'éloigne & se rapproche du corps de la plante par des mouvemens spontanés.

(*) *Analyse médicinale du Sang.*

tritive que la nature emploie à l'entretien & à l'accroissement des différens organes, ceux qui conservent la trace la plus sensible de c[e] fluide remarquable par sa couleu[r] rouge, sont les muscles; c'est a[u] sang que ces parties, qu'on appell[e] proprement *charnues*, doivent leu[r] volume, leur éclat & leur force[.] Les muscles des animaux qui o[nt] souffert une perte considérable d[e] sang, sont affaissés, décolorés, [&] sans vigueur. Cependant, s'il est d[es] cas où le principe de la vie sembl[e] devoir son énergie à la présence d[u] sang, il est plus ordinaire que c[e] fluide emprunte ses qualités d[es] diverses dispositions de ce princip[e] actif; il semble lui devoir tout jusqu[e]

a couleur. En effet, la couleur
du fang a beaucoup de rapport avec
l'état des forces vitales; ce fluide
est décoloré, diffous, lorfqu'elles
font languiffantes; c'eft ce qui a lieu
dans les pâles-couleurs, dans les
maladies où le principe de la vie
eft immédiatement affecté par l'im-
preffion d'un miafme délétère. En
rétabliffant alors le ton affoibli des
organes, on rend au fang fes qualités naturelles. Cette difpofition des
chofes eft très-avantageufe à l'art
de guérir, qui a bien plus de
prife fur les parties folides de notre
corps que fur fes fluides.

J'ai laiffé entrevoir plus haut
quelle peut-être la caufe matérielle
de la couleur du fang; mais fon

principe efficient paroît réfider d[ans] la puiffance vitale. C'eft lor[sque] cette puiffance eft développée [par] l'incubation, que la couleur ro[uge] commence à fe faire appercevoir d[ans] les liqueurs du poulet. M. l'ab[bé] Spallanzani l'a vu fe former d[ans] le réfeau ombilical, obfervati[on] qui prouve que les humeurs, p[our] fe changer en fang, n'ont pas bef[oin] de l'action du poumon, où Bo[er]haave plaçoit le fiége de la fa[n]guification.

Ainfi toutes les caufes qui peuve[nt] altérer les puiffances de la vi[e] peuvent par contre-coup changer [&] dénaturer la conftitution du fa[ng] & des humeurs qui en dérive[nt]. Cette difpofition fingulière qu'o[n]

fluides à se mettre à l'unisson
avec les parties solides, & à prendre
des différens caractères, selon les
diverses causes qui affectent ces
derniers, peut faire concevoir l'action des agens qui modifient les
corps organisés, tels que l'âge, le
sexe, le climat, les saisons, les
causes des maladies épidémiques. Ces
divers agens, en imprimant aux
parties solides du corps vivant diverses manières d'être, produisent
des changemens analogues & correspondans dans le sang & les autres
fluides soumis à l'influence de ces
parties. Ce degré moyen de cohésion
qui lie les parties constitutives du
sang, peut donc varier, en suivant
tous les états successifs par lesquels les

parties sensibles peuvent passer, puis ce point, où les humeurs riches de toutes les propriétés vitales, & profondément pénétrées de cette vertu plastique qui les rend propres à s'organiser facilement, jusqu'à cet état de dissolution, dénuées de toute activité, elles sont inhabiles à réparer les pertes du corps, à cicatriser les plaies, même à maintenir l'existence de l'individu.

Mais, parmi les causes capables de produire dans la constitution du sang & des humeurs les altérations les plus promptes & les plus marquées, il n'en est pas de plus puissante que l'état d'orgasme & de convulsion des parties sensibles.

ouvera peut-être la raison de ce phénomène dans l'expofition que je ferai, par la fuite, des effets de l'imitation. Il me fuffit ici de rapporter les faits qui peuvent faire entrevoir les changemens que l'influence du principe vital peut opérer dans les fluides. Stahl (*) a vu le fang d'une jeune femme qu'on faigna pendant un paroxifme d'épilepfie, abfolument coagulé, réduit à un état folide, & affez imitatif de la roideur qu'un accès d'épilepfie donne aux organes de celui qui en eft atteint. Cette obfervation a été répétée depuis Stahl, & l'on a vu que le fang reprend

(*) *Theoria medica vera*, p. 678.

sa fluidité après l'accès. M. Heusen (*) dans les expériences curieuses & utiles qu'il a faites sur ce fluide encore si peu connu, a trouvé des résultats analogues au fait que [je] viens de rapporter. Il a vu que [la] frayeur rend le sang coagulable, disposition qui est, sans doute, [la] suite de cette immobilité qui est l'effet propre de la terreur.

Comme on a vu souvent le sang hors de ses vaisseaux, se coaguler à l'air, & par le repos, on pourroit croire que, dans les cas que j'[ai] cités, sa coagulation est un effet physique & nécessaire d'un défaut

---

(*) An experimental inquiry into [the] properties of the blood.

l'action dans les organes qui lui donnent l'impulsion, & le rendent par là fluide; mais pour se convaincre que dans les corps animés tout a sa raison dans les diverses dispositions du principe actif qui les vivifie, il suffit de faire attention aux différens caractères que les passions peuvent imprimer aux humeurs animales. On a vu des accès de colère rendre tout-à-coup la bile cauftique. Le Lama, animal domestique au Pérou, & dans d'autres contrées de l'Amérique, est un de ces êtres doux & utiles, pour lesquels l'homme devroit avoir des égards & de la reconnoissance; on le fait servir de bête de charge; lorsqu'on l'excède de travail & de

M

fatigue, il se couche, & il n'est plus possible de le faire relever. Si alors on continue à le maltraiter, il conspue celui qui le maltraite, & lance sur lui une salive qui est corrosive ; l'indignation & la colère de cet animal, empreintes dans cette humeur, le vengent par quelques ampoules qu'elle fait venir sur la peau de ceux qu'elle touche (*). Les effets de la rage sont encore plus imitatifs ; un chien enragé a quelquefois transmis avec sa salive non-seulement le penchant à mordre qui est presque commun à tous les animaux atteints de virus hydrophobique, mais encore des disposition

---

(*) M. de Buffon, Histoire Naturelle,

qui caractérisent plus particulièrement son espèce, telles que la disposition à aboyer. Enfin M. Hewson (*) a trouvé que les propriétés du sang changent à mesure qu'on désemplit les vaisseaux, & que l'animal s'affoiblit. Cet effet se marque sans doute très-sensiblement dans un poisson qui étoit fort recherché des Romains. Ces hommes accoutumés à se jouer de la nature, & que l'exercice habituel de la cruauté avoit rendu barbares jusque dans leurs plaisirs, l'achetoient fort chèrement pour le manger, & pour le voir mourir : car son corps se peint, dit-on,

___

(*) An experimental inquiry into the properties of the blood, c. 3, exp. 19.

de différentes couleurs, à mesure que les approches de la mort dépouillent son sang de ses propriétés vitales.

L'exposition rapide qui a été faite de toutes les parties, tant solides que fluides, dont l'assemblage régulier forme le corps humain, a pu donner au lecteur une idée générale de sa constitution physique. Il convient peut-être d'exposer encore ici les rapports extérieurs qui résultent de l'organisation de cette partie matérielle de l'homme, avant de parler de la nature des puissances qui lui donnent l'impulsion, le mouvement & la vie; d'autant plus que ces rapports, tels que ceux de la couleur, de la forme, de la grandeur & des proportions, paroissent moins dépendre de l'influence directe de ces puissances, que des impressions des causes extérieures qui modifient les êtres organisés.

La couleur de la peau, dans l'homme, paroît absolument tenir au climat, & être un effet immédiat du soleil. La couleur des peuples varie en effet en raison de la latitude du pays qu'ils habitent, & présente une dégradation successive, qui n'est interrompue ou troublée que par des causes particulières ou locales, depuis les régions froides, jusques à celles où la chaleur est extrême. Dans celles-ci la couleur des peuples est entièrement noire. La couleur des nègres a beaucoup exercé les anatomistes & les physiciens; la plupart d'entr'eux se sont égarés dans leurs recherches, parce qu'ils ont prétendu trouver la cause de la noirceur des nègres dans un organe, ou dans une humeur particulière, exclusivement aux autres. Barrère a cru que cette noirceur tiroit sa source de la bile, qui est en effet noire dans les nègres. D'autres anatomistes la bornent à la peau. Mais on peut dire qu'un nègre est tel par toutes les parties de son corps, si on en excepte les dents. Tous ses organes portent plus ou moins l'empreinte de cette couleur, la substance médullaire du cerveau est noirâtre, cette couleur domine plus ou moins dans les diverses parties de cet organe, la liqueur spermatique, le sang, en présentent des traces bien marquées; cette couleur devient plus foncée dans la bile par les mêmes causes, sans doute, qui donnent à celle des blancs une teinte plus ou moins rembrunie. On sait que les fonctions de l'organe qui sépare cette liqueur, sont intimement liées avec celles de la peau, & que c'est la bile qui détermine presque le ton de couleur habituel de chaque individu. Ainsi, la matière de la lumière surabondante dans les climats ardens de l'Asie, & sur-tout de l'Afrique, pénétrant toutes les parties constitutives du nègre, s'accumule particulièrement dans sa bile, & y acquiert cette couleur noire, transmise à la peau, en vertu des rapports sympathiques qui se trouvent entre ces deux organes ; & c'est dans ce sens seul qu'on peut dire, avec Barrère, que la noirceur des nègres a son principe dans la bile.

Tous les Médecins & tous les philosophes qui ont étudié les causes dont l'action se marque fortement sur l'homme, paroissent convenir que sa taille est, ainsi que sa couleur, subordonnée au climat. Dans les régions chaudes du midi, la nature semble avoir plus d'activité que dans les pays froids, mais moins de tenue dans son action, le développement des organes s'y fait avec rapidité, & s'arrête plutôt ; de sorte que les hommes y parviennent au dernier terme de leur accroiſſement, avant l'âge auquel on arrive à ce même terme dans les pays froids. Dans ceux-ci, l'action plus lente, mais plus ſoutenue des puiſſances vitales, opère un développement plus étendu & plus complet des parties conſtitutives de l'homme, que dans les pays chauds du midi, où d'ailleurs, d'après ce que dit M. Barthez, dans ſon profond Ouvrage ſur l'Homme, les forces radicales du principe de la vie *ſont conſtamment dans un état de langueur relative.*

Ainſi les pays froids ſont en général ceux où le corps humain ſe développe avec le plus d'avantage. Parmi les habitans des montagnes, ceux qui en occupent la partie la plus haute, & par conféquent la plus froide, m'ont paru avoir la taille plus élevée que ceux qui en habitent la partie baffe. Mais le froid qui opère cet effet avantageux fur la taille des hommes, doit avoir des bornes, au-delà defquelles il produit un effet contraire. La taille des Lappons, qui ne font pas bien éloignés des Finnois, remarquable par la grandeur de leur corps, fe rappetiffe tout-à-coup. La tendreffe de M. Hœgftrœm pour les Lappons dont il tâche, autant qu'il peut, d'agrandir l'exiftence, lui en a fait voir qui avoient cinq pieds fix pouces. Comme ces géans de la Lapponie, quand même ils exifteroient, ne font que des exceptions ils ne portent aucune atteinte au principe qu'on établit ici. Le froid, qui raccourcit la taille des Lappons, opère le même phénomène sur tous les peuples qui vivent à peu près sur la même latitude. Les Samoyèdes n'ont guères plus de quatre pieds de hauteur. Un caractère plus commun, qui marque la contrainte qu'éprouve le principe vital dans le développement des organes, par l'impreſſion du froid, c'eſt la petiteſſe des extrémités où ſon action a plus de pouvoir (*). Les Patagons eux-mêmes, malgré leur grande taille, ont les pieds petits, comme

―――――――――――

(*) M. *Barthez*, Nouveaux Elémens de la ſcience de l'homme, p. 303.

les Lappons, les Samoyèdes, les Jakutes. Les traits du visage & les proportions du corps, dans ces derniers peuples, se ressemblent beaucoup, & paroissent être l'effet d'une cause commune ; un nez plat, des yeux petits, un visage rond, dont les pommettes sont saillantes, une taille courte & ramassée (*), n'annoncent-ils pas dans l'action qui développe ces organes, une gêne qui la réduit à ne produire que des formes irrégulières.

La taille humaine dans le type primordial de la nature, paroît avoir des bornes fixes. Celle des hommes qui ont vécu dans les temps les

─────────

(*) Histoire des Voyages, tom. 18.

plus

plus anciens que l'histoire nous fasse connoître, étoit à peu près comme celle des hommes qui existent maintenant. Rien n'est par conséquent plus chimérique que l'opinion de ceux qui pensent que la taille des hommes a diminué avec la durée de leur vie; il s'est trouvé des gens qui ont essayé de déterminer la quantité dont elle diminue dans chaque siècle, & de dresser, d'après ce principe, un calcul dans lequel Adam a cent vingt-trois pieds neuf pouces de haut. On dit que les Siamois sont dans l'opinion que la taille des hommes se raccourcit, à mesure que les mœurs se corrompent, & qu'à la fin ils n'auront plus qu'un pied de haut; époque qui, sans

Tome I. N

doute, n'est pas fort éloignée. Il n'est pas nécessaire de dire que tout ce qu'Aristote & Pline rapportent des Pygmées, qu'ils n'avoient jamais vus, est aussi ridicule que ce que le dernier de ces Ecrivains, & saint Augustin ont dit des peuples Acéphales. Il a été un temps où toute la philosophie semble avoir consisté à ne montrer que des prodiges dans la nature, qui cependant n'en fait point, & est toujours la même.

La taille des hommes grands, & de la stature qu'on désire, s'étend depuis cinq pieds cinq pouces, jusqu'à cinq pieds huit pouces. La taille médiocre est depuis cinq pieds un pouce, jusqu'à cinq pieds cinq pouces; la petite taille est celle qui n'atteint qu'à cinq pieds. Outre la grande taille, tous les autres caractères qui annoncent la force, doivent se réunir dans un homme bien conformé; sa poitrine doit être large, il doit avoir des muscles renflés & fortement exprimés; toutes les parties qui composent son corps doivent avoir cette fermeté qui n'exclut point la souplesse, & qui est nécessaire à l'exercice de sa puissance; enfin tout doit, en lui, caractériser son sexe & manifester sa supériorité.

Le caractère qui domine ordinairement dans cet assemblage d'organes qui constitue l'homme physique, c'est la force; en effet, c'est celui qui convient à la place que la nature lui a assignée dans l'ordre des êtres; c'est l'attribut essentiel du sexe qui doit protéger l'autre. La mâle vigueur de l'homme, exprimée dans la majesté de ses traits, & dans la noble rudesse de ses formes, se fait encore mieux sentir par le contraste que forment avec elle les grâces touchantes de la femme. Des traits déliés & fins, des formes arrondies, une molle flexibilité, constituent en elle un genre de beauté qui dépareroit l'homme. Celui-ci est toujours beau lorsqu'il est fort, car c'est dans sa force qu'il puise les principaux moyens de remplir sa destination & les vues de la nature; d'où l'on peut conclure que la beauté n'ayant point de type commun, & variant selon les sexes & les espèces, n'est que la disposition la plus avantageuse pour parvenir à un but déterminé.

En effet, si on examine les divers genres de beauté qui sont l'objet du goût des différens peuples, on verra qu'ils sont fondés sur ce principe : car si la nature, en donnant à chaque nation une forme, une couleur & des traits particuliers, lui a assigné un genre de beauté qui lui est propre, il faut nécessairement qu'une peau noire & un nez épaté concourent autant à la beauté d'un nègre, qu'une peau blanche & un nez droit & bien tiré contribuent à la beauté d'un blanc. Toutes les fois donc que la conformation de l'un ou de l'autre choquera les rapports naturels qui caractérisent son espèce, elle ne manquera pas de faire naître l'idée de quelque défaut dans l'esprit de ceux qui sont compétens pour en juger. Ainsi, on a lieu de croire que les choses mêmes qui, dans la beauté, paroissent le plus dépendre de la fantaisie, tiennent à ce principe, & que les impressions qu'elles font sur nous, n'ont dans le fond pour règle que le sentiment de l'utilité physique.

Qu'on soumette à un examen approfondi tous les objets propres à nous retracer l'idée du beau, on verra que celle de l'utilité y rentre toujours; elle s'y mêle toujours par une de ces opérations rapides de notre esprit, qui de plusieurs idées semblent n'en faire qu'une. Tout le monde convient que les objets, pour être beaux, doivent être grands, c'est-à-dire, avoir toute la grandeur relative que comporte leur espèce: car le plus petit objet peut être beau, comparé à ses semblables. Une rose est belle lorsqu'elle a toute la grandeur & tout l'éclat qu'une rose puisse avoir; alors l'impression qu'elle fait sur nos sens est plus vive & plus agréable, sans compter qu'elle est par rapport à elle-même dans l'état le plus favorable à la propagation de son espèce. Un cheval n'est beau qu'autant que sa taille, la souplesse de ses jarrets, une peau luisante, une encolure noble & élevée, &

le feu qui fort de ſes yeux &
ſes naſeaux, atteſtent ſa vigueur
ſa légéreté. L'Auteur de l'article *Be*
de l'Encyclopédie, ſe ſert de l'exemple d'un beau cheval, pour combat
l'Auteur de l'*Eſſai ſur le Mérite*
ſur la Vertu, qui rapporte le princi
du beau à l'utilité. Un beau cheval
dit-il, qui paſſe dans la rue, paro
beau à tous ceux qui le voyent,
quoiqu'ils n'aient aucune eſpérance
de le poſſéder jamais. Cette objec-
tion ne me paroît pas aſſez réfléchie
lorſque nous admirons la beauté d'un
objet qui ſemble n'avoir aucun rapport avec nous, une illuſion mo-
mentanée nous met à la place de
celui qui eſt à portée d'en jouir. C
retour de notre entendement, o

plutôt de notre sensibilité, se répète à chaque instant de la vie; & c'est même vraisemblablement par ce fil que la nature nous a attachés aux êtres qui nous environnent; sans cela nous serions indifférens presque pour tout. Ainsi, lorsqu'un champ nous paroît beau par son étendue, nous nous identifions pour un moment avec celui qui en recueille les fruits. La beauté de l'univers naît de l'ordre que nous y appercevons, & sur-tout des avantages qui en résultent pour les êtres sensibles qu'il renferme, & au nombre desquels nous nous plaçons.

Dans les productions de l'art, comme dans celles de la nature, la beauté consiste dans les idées de la grandeur & du rapport exact d'un certain nombre de moyens avec un but utile, qu'elles font naître dans notre esprit. L'idée de la grandeur excite ordinairement celle de la puissance : Eh! qui ne sait pourquoi cette dernière a tant d'attraits pour les hommes ? Voudroit-on être puissant sans le profit qui en revient ? La grandeur & la petitesse seroient des manières d'être tout-à-fait indifférentes, sans les avantages qui sont attachés à l'une, & les inconvéniens qui accompagnent toujours l'autre.

Les proportions d'un bel édifice nous flattent, parce qu'elles remplissent avec justesse le but qu'on s'est proposé, & qu'elles concourent encore plus à la grandeur & à la solidité de l'ouvrage qu'à son agrément. Des chapiteaux corinthiens les plus déliés & les plus finis, nous donneroient peu d'admiration s'ils portoient sur des colonnes dont les dimensions ne nous rassurassent pas sur la pesanteur des masses qu'elles ont à soutenir. Les ornemens ne produisent un bon effet que lorsqu'ils se trouvent réunis à des qualités plus essentielles. On dédaigne les jouissances frivoles lorsqu'on n'a pas celles qui sont indispensables. Un plat-fonds peint par les mains de Michel-Ange, ne feroit pas les délices d'un homme qui craindroit à chaque instant de le voir tomber sur sa tête. C'est par de pareilles impressions, mais moins développées; que nous jugeons ordinairement des objets, sans même que notre esprit paroisse s'en appercevoir. L'architecture gothique nous choque, parce que les ornemens dont elle est surchargée, joints à un défaut sensible de proportion dans les moyens qu'elle emploie, prouvent encore moins le mauvais goût de l'artiste, qu'ils n'annoncent la fragilité de l'édifice; parce que le caprice y tenant lieu de règle, offre à l'œil distrait une infinité d'objets sans dessein, & que les figures multipliées qu'on y rencontre, au lieu de nous rappeler la nature, ne nous paroissent propres qu'à la déparer, & font par conséquent souffrir notre imagination.

Mais on dira peut-être que, si tout gît dans la grandeur & dans la solidité, rien n'est plus aisé que de se procurer ces avantages : ce seroit une fausse idée, car ces avantages dépendent d'une proportion déterminée entre les moyens qu'on emploie, & l'effet qu'on veut obtenir. Si on prodigue ces moyens, ils nuisent à l'usage même qu'on en veut faire, ainsi qu'à l'objet qu'on se propose. C'est donc ce rapport exact des moyens, avec un but utile & grand, qui rend une chose belle ; & c'est ce que nos sens apperçoivent tout d'un coup, lorsqu'ils viennent à être frappés par quelque objet en qui cet heureux rapport se trouve.

Pour ce qui regarde les autres arts d'imitation, & les ouvrages d'esprit auxquels on donne le titre de beaux, leur objet est de nous procurer de nouvelles sensations, d'ajouter des êtres possibles aux êtres existans, & de créer, pour ainsi dire, un nouveau monde ; ou bien de flatter des passions qui nous sont chères, en leur prêtant des couleurs capables de les rendre encore plus séduisantes qu'elles ne sont. Qu'est-ce qui pourroit donc nous intéresser plus vivement que ces arts ou leurs productions ? Au surplus, rien n'est plus facile, dans le jugement que nous en portons, que de confondre notre admiration pour l'artiste, avec le plaisir réel que nous fait son ouvrage; & de donner le nom de beau à ce qui bien souvent n'a d'autre mérite que celui de la difficulté vaincue. La mode, l'affectation & la recherche contribuent autant à rendre incertaine & arbitraire l'idée du beau, qu'à obscurcir les règles qui nous enseignent à le découvrir. Ce qui augmente encore la difficulté de ramener à un principe général tout ce qui a rapport au beau, ce sont les fausses applications qu'on fait à chaque instant de ce terme. Chacun donne indistinctement cette qualification aux objets les plus communs, selon l'importance qu'il y attache. Un botaniste s'extasie de la meilleure foi devant une chétive plante, que les personnes, qui n'y entendent pas finesse, foulent aux pieds. Un artisan donne le nom de beau aux productions qui sortent de sa main, quelque grossières & quelque viles qu'elles soient; mais de ces différentes manières mêmes d'appliquer ce mot, il résulte que la beauté n'est fondée que sur des idées relatives, parmi lesquelles celle de l'utilité occupe le premier rang ; de sorte que rien n'est beau, s'il n'est bon, sinon pour nous, du moins pour les autres, avec lesquels nous nous identifions par la pensée. Rien ne prouve mieux ce principe que le beau moral ; il nous offre la vertu dans tout son éclat, à côté des avantages qu'elle procure à la société qu'elle honore ; le sacrifice continuel de l'intérêt particulier à l'intérêt général qu'elle s'impose, l'ordre & l'harmonie qui la suivent, sont la source de ces transports sublimes qu'elle excite toujours dans les ames honnêtes, & dans lesquels l'admiration se confond avec la reconnoissance.

Cependant, tout ce qui est bon n'est pas beau ; il semble qu'on ne donne ce dernier nom qu'aux objets dont on apperçoit aisément les rapports. C'est sans doute pour cette raison que ceux qui sont du ressort du goût & de l'odorat, n'ont jamais été appelés beaux ; les qualités qui les rendent agréables à ces deux sens étant fondées sur des proportions qui nous échappent. Ainsi l'idée de proportions entre aussi nécessairement dans celle du beau, mais toute proportion suppose plusieurs termes corelatifs, de la disposition desquels elle est le résultat. Cette disposition peut varier à l'infini, les parties qui constituent chaque être différant dans chaque espèce, par leur arrangement, leur masse, leur structure, leur liaison & ces différens rapports ne sont par conséquent, en eux-mêmes, ni beaux ni laids, puisqu'ils ne sauroient avoir de modèle commun; ils ne deviennent tels qu'aux yeux de celui qui est en état de juger s'ils remplissent le but pour lequel ils semblent établis, ou s'ils conviennent aux usages qu'on eut en tirer. La beauté des objets est donc une manière d'être qui se rapporte à nos plaisirs, à nos besoins, à notre organisation ; enfin à notre manière de sentir, à laquelle tient l'intérêt illusoire ou réel qui nous attache à ces objets.

On peut voir, par ce qui a été dit, qu'il n'y a point de beau absolu, essentiel ; que ce prétendu beau n'est qu'une abstraction de notre esprit, & que la beauté de chaque être dépend de sa convenance avec la fin à laquelle il est destiné. Dans la nature, qui est la véritable source où les arts prennent ou doivent prendre l'idée de la beauté, il n'y a rien de beau qui ne soit utile. Les fleurs, que l'ignorance considère comme des simples objets d'a[grément] que la nature produit e[n] se jouant, n'offrent point une part[ie] qui ne concoure au grand objet [de] la réproduction. Les poëtes ont fou[-]vent comparé les femmes à d'a[i]mables fleurs, semées sur la ter[re] pour nous réjouir la vue. Il n'e[st] pas surprenant qu'avec cette maniè[re] de voir la nature, on ait fait ta[nt] de systèmes inintelligibles sur [le] beau.

Chaque espèce a donc des moyen[s] assortis à sa destination particulière & subordonnés, pour que l'usage e[n] soit le plus avantageux possible, [à] des proportions fixées par la nature. Celles que présente la conformatio[n] de l'homme, varient considérable[ment]

...ent, parce que l'impulsion qui
...oit développer ses organes, &
...lur donner la forme convenable,
...ouve plus ou moins d'obstacles.
J'ai déjà dit combien le climat peut
influer sur la constitution physique
de l'homme & sur ses formes extérieures ; il n'est pas douteux que
la manière de vivre, les habitudes
naturelles, ou les institutions sociales,
ne puissent leur faire éprouver des
modifications plus ou moins marquées.

Des auteurs, qui regardent les
Américains comme une race dégra-
dée, sont forcés cependant d'avouer
que la régularité des traits & la
beauté des formes sont, chez ces
peuples, des qualités communes à

presque tous les individus. Un [phé]
nomène, qui contraste si fort [à]
l'opinion de ces Ecrivains, a [dû]
les étonner : ils l'attribuent à l'e[spèce de]
séparation qui, chez les Améric[ains,]
s'établit entre l'homme & la fe[mme]
lorsque celle-ci est enceinte. C[ette]
séparation est l'effet d'une r[épu]-
gnance, que des Philosophes [très]
célèbres, ont regardée comm[e la]
suite d'une constitution affoibli[e.]
Avec un peu plus de réflexion [ils]
l'auroient peut-être considérée co[mme]
un de ces grands traits qui caract[é]-
risent l'homme naturel, & que [l'in]-
fluence de la société a effacés ; co[mme]
une de ces loix primitives [sur]
lesquelles porte le système an[imal.]
Cette idée auroit été d'autant

fondée, que cette répugnance des Américains leur est commune avec les animaux. La nature ne conduit les êtres sensibles que par des impressions simples. En plaçant tour à tour le plaisir & le dégoût sur le même objet, elle nous rapproche, ou nous éloigne de lui selon ses vues. Si, par le premier de ces sentimens, elle nous intéresse efficacement à son ouvrage, par l'autre elle nous empêche de le gâter.

L'exemple des Américains prouve qu'il y a des circonstances naturelles qui permettent aux qualités physiques de l'homme de se manifester dans toute l'étendue & avec toute la régularité dont elles sont susceptibles. Un concours de semblables circonstances & de causes morales produisit, sans doute, le même effet chez les anciens Grecs. Car c'est à ce peuple que nous devons la connoissance des belles proportions du corps humain; ce n'est pas qu'ils en aient pris l'idée sur un seul individu; quoique tout concoûrut parmi eux à développer, d'une manière avantageuse, les formes extérieures de l'homme, il ne s'en est vraisemblablement jamais rencontré aucun qui offrît la perfection qu'on trouve dans leurs statues. L'art du dessin, le goût, un sentiment délicat & exercé ont, sans doute, contribué à les conduire à cette perfection. Mais il a fallu cependant que la nature leur en offrît souvent des modèles plus ou moins

moins complets. L'homme ne peut imiter, ou perfectionner, que ce qu'il voit. Il a fallu voir de beaux hommes, pour en imaginer encore de plus beaux. Il a été nécessaire de recontrer souvent une belle tête, des traits nobles & majestueux, des membres bien proportionnés, pour pouvoir les rapprocher, & en former le modèle intellectuel, qui a guidé les sculpteurs de l'antiquité.

La Grèce a fait voir une fois au monde ce que peuvent sur les qualités physiques de l'homme, les mœurs, l'éducation & la liberté, secondées par un climat heureux. Si au noble sentiment de l'indépendance qui élève l'ame, & qui communique nécessairement son expansion aux organes qu'elle vivifie, vous joignez une éducation vigoureuse qui les fortifie, & des usages qui leur laissent la liberté de se développer, vous aurez le type sur lequel la nature a voulu former l'homme; type plus ou moins dégradé par l'influence des gouvernemens & des institutions gothiques & capricieuses des peuples modernes, & qu'on retrouveroit peut-être plus aisément dans les forêts, que dans le sein des sociétés les plus policées, où l'on prétend perfectionner tout, même la nature.

Ce seroit en vain qu'on chercheroit dans les individus existans, les belles proportions du corps humain. Il faut les prendre sur les dessins que nous avons des statues antiques. Selon les mesures prises sur ces statues, la hauteur d'un homme bien proportionné, doit être égale à sept fois & demié sa tête. Car on a divisé la hauteur du corps humain en parties égales appelées *têtes*. La tête se divise en quatre parties égales, & la partie en douze minutes. On se sert aussi d'un module qu'on appelle *face*, qui est moindre que la tête, d'un quart; de sorte qu'il faut dix *faces* pour égaler les sept têtes & demies qui forment la hauteur du corps humain. L'espace compris entre le sommet de la tête & l'endroit de la bifurcation du corps doit être exactement la moitié de sa hauteur totale, c'est-à-dire, de trois *têtes* & trois parties. Depuis la bifurcation, jusqu'à la plante du pied, on compte un espace semblable ; ce qui fait les sept têtes & demie. La distance qui se trouve entre les doigts du milieu des mains lorsqu'on étend les bras, doit être égale à la hauteur de tout le corps. Chaque partie entre ces points extrêmes, a une proportion déterminée. La mesure de sept têtes & demie est celle des hommes ordinaires ; c'est celle de l'Antinoüs du Vatican. Les sculpteurs ont donné une taille plus élevée aux statues qui doivent offrir un caractère de majesté ou de force : l'Apollon du Belvedère a sept têtes trois parties & six minutes de hauteur, & l'Hercule Farnèse sept têtes trois parties & sept minutes. Les artistes placent cet excédant de la taille ordinaire dans l'espace qui se trouve entre les mamelles & la bifurcation du tronc. Ce surplus suffit indépendamment de l'expression des traits, pour donner à une figure un air imposant & noble.

On a trouvé un défaut de proportion dans quelques-unes des statues les plus célèbres de l'antiquité. La Vénus de Médicis, par exemple, a la jambe droite plus longue que l'autre. La jambe droite du grand enfant de Laocoon est aussi plus longue que la jambe gauche. Les plus grands artistes ont cru, avec raison, qu'on ne devoit point attribuer ces défauts à l'ignorance ou à l'erreur des sculpteurs anciens, auxquels on doit ces chefs-d'œuvres. On présume qu'ils étoient trop savans & trop exercés, pour tromper ainsi sur des objets qui [leur] étoient si familiers. On croit do[nc] que ce qui pourroit paroître un dé[faut] à des yeux peu attentifs, n'étoit qu[un] raffinement de l'art dans les ouvr[ages] de ces fameux artistes ; qu'ils [n'a]voient allongé un membre fléch[i] que pour suppléer au *raccourci* q[ui] résulte de cette position, & rem[é]dier à un effet d'optique qui, selo[n] eux, pouvoit altérer la régular[ité] d'une figure. Ces artistes sont cer[]tainement excusables ; mais leur pré[]caution étoit peut-être inutile ; c[ar] l'habitude de voir une chose nou[s] rend capables de la voir telle qu'el[le] est dans la nature. Lorsqu'un hom[me] bien fait tient une de ses jamb[es] dans un état de flexion, nous ne sommes point portés à la croire plus courte que l'autre, quoique la disposition des rayons visuels tende à nous la faire voir telle. Un objet dont les dimensions nous sont très-familières, ne nous paroît point plus grand, ou plus petit, à quelque pas de plus ou de moins de distance. Dans ces deux cas, notre ame prévenue sur la véritable grandeur de cet objet, rectifie & fait disparoître les différences que ses diverses positions peuvent mettre dans les impressions qu'il fait sur l'organe de la vue.

Je n'ai présenté jusqu'ici que le résultat de l'organisation matérielle de l'homme, modifiée par les causes extérieures, les rapports physiques des parties qui le composent, & le genre de beauté produit par leur ensemble. Avant de dire ce que le sentiment ajoute de noblesse, de dignité, de force, à la figure humaine, & d'exposer les différens caractères que les passions lui impriment, il est nécessaire de parler de la nature du principe qui l'anime & lui donne le mouvement, & surtout de bien fixer les loix de la sensibilité à laquelle tiennent, comme à un autre centre commun, tous les phénomènes que présente la constitution physique & morale de l'homme.

Fin du Tome premier.

www.ingramcontent.com/pod-product-compliance
Lightning Source LLC
Chambersburg PA
CBHW050336170426
43200CB00009BA/1610